悪事の心理学

善良な傍観者が悪を生み出す

キャサリン・A・サンダーソン
本多明生 訳

Why We Act

Turning Bystanders into Moral Rebels

Catherine A. Sanderson

Discover

WHY WE ACT
by Catherine A. Sanderson

アンドリュー、ロバート、キャロラインへ
あなたたちが大切なことについて決して黙っていないでほしいと願いを込めて

はじめに

2017年8月25日、夫と私は、落ち着いてその日を迎えることができました。それは、長男のアンドリューが、私たちの家を巣立って大学生活をスタートする日でした。私たちはウォルマートに出かけて小型冷蔵庫とラグを買い、彼のベッドの上にポスターを貼りました。定番である家族とのお別れ昼食会をしたあと、私たち夫婦は車に戻って、少しだけ静かになった家に帰りました。

2週間後、アンドリューから電話がかかってきました。ただごとではありません。ティーンエイジャーの多くがそうであるように、息子はテキストを使った連絡を圧倒的に好むからです。彼は声を荒げて、自分の寮の学生が亡くなったことを伝えてきました。

息子はその電話で、自分と亡くなった学生には共通点がとても多いことを説明してくれました。2人ともマサチューセッツ出身の新入生、そしてライバル関係のプレップスクール（訳注：大学進学への準備に力を入れている米国の高校）に通っていました。息子とその学生には、それぞれ弟がいました。

私が「一体どうしたの？」と尋ねると、息子は、亡くなった学生が友人たちと一緒にお酒を飲んでいたことを教えてくれました。その学生は、土曜日の午後9時頃、酔っぱらって転倒して頭を打ったそうです。友人、ルームメイト、ラクロスクラブのチームメイトは、彼の様子を何時間も見守っていました。その人たちは、彼が仰向けの状態で嘔吐して窒息死しないように、バックパックを彼の肩に括り付けていました。そして、彼が呼吸をしているのかを定期的に確認していました。

ところが、転倒事故から20時間近くが経過しても、彼らは救急に電話をしませんでした。日曜日の午後4時にようやく救助を求めたときには、もう手遅れでした。転倒した学生は病院に搬送されて生命維持装置につながれましたが、それは家族が彼のもとに行って別れを告げるためでした。

迅速な医療処置を施していればその学生の命を救うことができたのか、今となっては知る術もありません。そうしたところで彼の命は救えなかったのかもしれませんが、彼はその機会を得られなかったことははっきりしています。そして、大学生が深刻な緊急事態に直面したときに何もしなかったという話は、決して珍しくありません。

リスクが高い状況でも行動しないことを選ぶのは、大学生だけではありません。拡散された動画でも話題になった、ある男性がユナイテッド航空の機内から無理やり引きずり降ろされた事件（訳注：ユナイテッド・エクスプレス3411便乗客強制排除事件。第2章で説明）のとき、どうしてほとんどの乗客は黙って座っていたのでしょうか？　同僚が侮蔑的な言葉を使う、あるいは嫌がらせを行っているときに、人々はなぜ黙っているのでしょうか？　なぜ数多くの教会指導者は、カトリックの神父による性的虐待を長年にわたって報告しなかったのでしょうか？

私は、１９９０年代にはプリンストン大学の大学院生として、そしてこの20年間はアマースト大学の教授として、つまり自分のキャリアを通じて、社会的規範、すなわち私たちの行動を形成する不文律（訳注：暗黙のルール、掟のこと）の影響に注目した研究を行ってきました。人々は、社会集団に馴染もうとして社会的規範に従います。しかし同時に、人々は社会的規範の認知において深刻な間違いを犯す場合があります。

私は、一見するとバラバラにも思える、人々が行動を起こせなかった事例を考察した結果、根本的な原因は同じ要因に由来すると考えるようになりました。それは「発生事象の曖昧性」「個人的な責任の感覚の欠如」「社会的規範の誤解」「結果に対する恐れ」です。

私は、自分の仕事を通じて、社会的規範の影響を人々に教えること、私たちがしばしば犯す社会的規範の誤解やそれが生む結果について指摘することが、人々がより良い行動を身に付ける上で有用であることを明らかにしました。

例えば、大学キャンパスの社会的規範が不健康なボディ・イメージをどのように生み出すのかを学んだ新入生の女性は、その後に食生活が乱れる割合が低下するという研究を行いました。そして、仲間の多くが精神健康上の問題に苦しんでいることを学んだ大学生は、メンタルヘルス・サービスにもっとポジティブな考えをもつようになるという研究も行いました。「女性には全員痩身願望がある」「他の大学生は悲しいとか寂しいとは思っていない」など、周囲の人が実際に考えていることを見誤る心理的プロセスの理解を手助けすることには、他の人に対する間違いや誤解を減らし、心理的・身体的な幸福感を改善する働きがあります。それはまた、私たちの行動を後押しすることでもあるのです。

1987年、スタンフォード大学の学部生として初めて心理学を学んだときに、集団の中にいることが自分の行動にどれほどの影響を与えるのかを知って魅了されたのを覚えています。私は幸運なことに、心理学で最も有名で論争の的になった研究のひとつであるスタンフォード監獄実験（訳注：映画化されるなど非常に有名な研究だが、近年では実験内容に疑義も指摘されている）を行ったフィリップ・ジンバルドーを指導教授にすることができました。文字通り、私は社会心理学という学問へといざなわれたのです！

その当時、研究者は実験を計画して人々の行動を測定することはできましたが、現象を説明するメカニズムまで解明することはできませんでした。脳で何が起こっているのかを確かめる術がなかったのです。ところが、近年の脳科学の飛躍的な進歩は、その様相を完全に変えました。あるシナリオやプレッシャー、経験が脳でどのように作用しているのかをリアルタイムで確認できるようになったのです。本書で説明しますが、これらの研究結果から、不作為（inaction）（訳注：人があえて積極的な行動をとらないで放置すること）を促すプロセスの多くは、慎重な熟考の過程を経るのではなく、脳内の自動的なレベルで生じていることが明らかになっています。

本書を執筆した目的は、悪事に直面すると人間は沈黙する、という人間の生来の性向の根底にある心理的要因を、皆さんに詳しく知っていただきたいと考えたからです。さらに、沈黙が悪事の継続にどれほど重要な役割を果たしているのか、明らかにしたいとも考えています。

本書の前半では、状況的・心理的要因によって、善良な人々がどのように悪事に加担するのか（第1章）、他の人の悪事に直面したときにどうして沈黙するのか（第2章から第5章）を説明します。

次に、学校でのいじめ（第6章）、大学での性的不正行為（第7章）、職場での非倫理的行為（第8章）などを取り上げて、現実世界のさまざまな状況において、これらの状況的・心理的要因がどのように作用して行動を抑制するのかを説明します。

最後に、どのような人が他者に立ち向かうことができるのか、そして、そのような道徳的反逆者から何を学ぶことができるのかを考えます（第9章）。最終章では、私たちが声をあげて行動できるようになるために、性格には関係なく、全員が実践できる方法についても考察します。

私の望みは、私たちを行動することから遠ざけている力についての洞察を提供すること、そして日常生活の中でそのようなプレッシャーに抵抗するための、具体的な方法を提供することです。そうすることで、読者の皆さんは、たとえ抵抗することが本当に難しいような場合でも、正しい行いをしようと立ち上がれるようになります。これこそが傍観者の沈黙を打ち破る秘訣です。そして、それは、大けがを負ってから誰かが緊急電話をかけるまで20時間も待つような人がいなくなる、ということなのです。

CONTENTS

はじめに　4

第1部　善人の沈黙　15

第1章　怪物神話　16

群れの危険性　18
ただ命令に従っただけ　26
同一視の影響　33
決断できない苦しみ　36
緩やかなエスカレート　39
沈黙と不作為を理解する　46

第2章　誰の責任？　50

傍観者効果の誕生　52

社会的手抜きの危険性 60
傍観者効果を克服する 66

第3章 曖昧さの危険性 77
曖昧さが不作為を生む 78
ポーカーフェイスの危険性 85
よくある誤解を理解する 90
集団の中での行動に関する神経科学 94
人数の力 97

第4章 援助にかかる多大なコスト 102
援助のコストを天秤にかける 103
声をあげることの社会的なコスト 110
社会的な拒絶は脳に悪影響を及ぼす 115
コストを克服する 120

第5章 社会集団のパワー 122
社会的圧力と同調 124
なぜ同調すると気分が良くなるのか 129

同調圧力はティーンエイジャーで特に強い 133
社会的規範の誤解が生むもの 139
規範の認知を訂正する効果 145
部外者の力 149

第2部 いじめと傍観者

153

第6章 学校でいじめに立ち向かう方法 154
いじめについての理解と誤解 155
立ち向かうことができる生徒 159
いじめを減らす方法 164

第7章 大学で性的不正行為を減らす方法 180
男集団の危険性 182
男集団の中で大きな声をあげづらい理由 190
性的暴行を減らす方法 197

第8章 職場で倫理的行動を育む方法 214
あなたは上司と対決できるか? 215
沈黙することの仕事上のメリット 227
悪事に立ち向かう社会的なコスト 231
悪事につながる危険な道 235
職場文化を変える方法 241

第3部 行動の仕方を学ぶ——267

第9章 道徳的反逆者を理解する 268
道徳的勇気を定義する 270
道徳的反逆者の特徴 272
他者が存在していても行動を抑制しない 279
共感的要因 287
内なる道徳的反逆者を見つける 295

第10章 道徳的反逆者になる方法

変化の力を信じる 303
スキルと方法を学ぶ 306
実践、実践、とにかく実践する 308
ちょっとしたことでもやってみる 310
共感力を育てる 313
内集団を広げる 314
倫理的なリーダーを探す 316
友人を一人見つける 319
社会的規範を変える 321
文化を変える 324

謝辞 327
訳者あとがき 330
原注のご案内 334

第1部

善人の沈黙

The Silence of
the Good People

第１章　怪物神話

２０１２年8月11日、当時16歳の女子が、米国のオハイオ州スチューベンビルで地元高校の生徒とのパーティーに参加しました。そこには、同校のフットボールチームのメンバーが含まれていました。彼女はお酒を大量に飲んでひどく酔っ払い、嘔吐しました。そのパーティーに参加していた生徒たちは、彼女が泥酔している様子だったと述べています。翌朝、彼女は、地下のリビングルームで裸の状態で目覚めました。男子３人に囲まれていましたが、前夜の記憶はほとんどありません。

数日後、パーティーに参加していた数人の生徒が、その女子に何が起きたのかを鮮明に描写した写真や動画をソーシャルメディアに投稿しました。女子は、服を脱がされて性的暴行を受けており、２０１３年3月には、スチューベンビル高校のフットボール選手だったトレント・メイズとマリック・リッチモンドの２人がレイプで有罪になりました。

このようなできごとを聞くと、私たちの多くは、これらの悪事は悪人の仕業だと決めてかかってしまいます。確かに、意識のない10代の女子に性的暴行を加えるのは悪人だけです。悪人が悪事を働くということの信念は、安心感や心地よさを与えます。

ところが、残念ながら、この考えは間違っているのです。パレスチナのテロリストを長年研究してきたナスラ・ハッサンは「驚くべきは、自爆テロの実行犯の異常性ではなく、そのあまりの正常性についてです」と述べています。[1] また、スー・クレボルドは次の言葉を残しています。彼女の息子ディランは、1999年に同級生のエリック・ハリスとともに、コロラド州のコロンバイン高校で十数人を殺害しました（訳注：コロンバイン高校銃乱射事件）。彼女は「人々は身近に邪悪な存在がいたとしても、それは自分たちで認識できると信じ込まなければいけませんでした。ディランは怪物だったという考え方は、その際に重大な目的を果たしたのです」と述べています。[2]

なぜ私たちは、「悪人が悪事を働く」と決めてかかってしまうのでしょう？　それは、私たちが知る善良な人々、例えば、友人や家族、そして自分自身が、そんな悪いことをするはずがない、という信念が私たちに安心を与えてくれるからです。

ところが、学校の運動場での弱いものいじめ、大学のフラタニティ（fraternity：男子学生社交クラブ）での新入生いじめ、職場でのセクハラなど、善人が悪事を働くことはあり得ますし、実際に行われてもいます。したがって、悪事を止めるということは、単純に怪物を特定してその行為を止めさせればよいというものではありません。善人が間違った選択をする要因を特定して、悪事の発生を防ぐ、あるいは少なくともその可能性を減らすことが不可欠なのです。

本章では、間違っていることを知りながらも、つい悪事を働いてしまう状況や環境について考察します。集団の中にいるときに、もしくは信頼できる権威者に指示されたときに、あるいは間違った方向に小さな一歩を踏み出したときに、有害なことをする傾向があると知ったとしても、あなたはあまり驚かないでしょう。しかし、その根底にある理由は、あなたが考えているようなものではないかもしれません。

群れの危険性

プリンストン大学の大学院生だった私は、学生寮で暮らしながら先輩や後輩をサポートする素晴らしいアルバイトを経験したことがあります。食堂で学生と一緒に食事をしたり、寮全体の交流イベントを企画したり、学業や個人的な悩み相談を受けたりする仕事でした。しかし、重大な欠点がひとつだけありました。毎年一晩、ヌード・オリンピックの「サポート役」を務めなければならなかったのです。

ヌード・オリンピックは、1970年代初頭に始まり、1999年に評議員会によって禁止されるまで、非公式の伝統行事として定着していました。毎年1月の初雪が降った日の真夜中に、大学2年生の男女がランニングシューズと帽子、手袋だけで大学キャンパスを走り回るのです。ご想像の通り、このイベントの参加者は凍えるような寒さと、クラスメートの前を裸で疾走する気まずさに耐えるために、走るまでの数時間、お酒をたくさん飲むのが当たり前でした。

私の役目は、反射ベストを着用して救急箱を持ち、大学の中庭に立つことでした。氷の上で転倒するなどのトラブルに見舞われた学生が、私を発見できるようにするためです。私は毎年、次のヌード・オリンピックまでに学位論文を完成させて、プリンストン大学を去ることを切望していました。そして、私は「この学生たちは米国で最も聡明な人たちなのに、どうしてこんなことをするのだろう?」とも考えていました。雪が降る真夜中に、酔っ払って裸で走り回ることが素晴らしいアイデアだとは思えなかったのです。

ところが、このエピソードは、心理学の基本的な知見を示しています。それは「集団の中にいるとき、人は自分一人では決してやらないようなことをする」という知見です。ヌード・オリンピックはほとんど無害でしたが、この原則は人々が実際に悪事を働く場合にも当てはまります。集団による悪事の例はたくさんあります。

・２０１０年２月、ディラン・ギフォード・ヨントがサンフランシスコにある商業ビルの４階のレッジ（訳注：建物の軒や壁面に帯状に取り付けた棚状の突出部分）に立っていると、大勢の人が建物の下に集まってきて「ジャンプしろ！」「さっさとやれよ」と叫んで彼をなじり、45分後、彼は飛び降り自殺をした。
・２０１５年から２０１６年にかけてドイツのケルンで行われた大晦日祭で、大勢の男性が推定１２００人の女性に性的暴行を加える事件が発生した（訳注：ケルン大晦日集団性暴行事件）。
・２０１８年２月、フットボールチームであるフィラデルフィア・イーグルスのスーパーボウル初制覇を祝うファンが、車を横転させる、街頭の電柱を地面から取り外す、放火する、店舗の窓ガラスを割るなど暴徒化した結果、27万３０００ドルの損害が生じた（訳注：約10万人のファンがフィラデルフィアのダウンタウンに集結して暴徒化したできごと）。

なぜ集団の中にいると、自分一人では決してやらないことをするのでしょう？

ひとつの説明は、集団の中にいると人は匿名化されるため、自分の行動の責任を問われないと思い込むというものです。集団の中にいなくても、覆面やフードをかぶったり、暗闇で活動したりすると、好戦的・攻撃的な行動をとる頻度や程度は増えます。心理学者のフィリップ・ジンバルドーが明らかにしたように、実験参加者の学生は、別の学生に電気ショックを与えるように求められたとき（実験参加者は創造性の研究に参加していると思っていました）（訳注：ストレス環境下における創造性の研究という名目で、他者に電気ショックを与える実験協力が求められる）、自分の身元を隠すためのフードをかぶっていた場合のほうが、フードをかぶっていないときよりも、有意に長い、つまり、より痛みを生じる電気ショックを与える傾向があります。[3]

同一の現象は、実験室の外でも観察されます。レスター大学のアンドリュー・シルケが北アイルランドの暴力行動を分析した結果、覆面やフードなど、顔を隠せる衣服を身にまとっていた人ほど、破壊行為に関与し、多くの人に危害を加え、より深刻な身体的損傷を与えていたことがわかりました。[4] これは、匿名で投稿できるオンラインにおいて、ネットいじめやその他の攻撃的行動が多発する理由を説明する一助になります。

集団化には悪事を促す可能性もあります。それは「没個性化（deindividuation）」と呼ばれる個人としての自覚の喪失が、集団になることで生じるからです。[5] 群れの中でしばしば起きることですが、人は自分自身の道徳的基準との接触を失い現実の自分を忘れてしまうときに、逸脱行動に対する普段の制約が取り除かれます。

群衆の人数が増えるほど、その行動は悪化してしまいます。ペンシルベニア州立大学のアンドリュー・リッチーとバリー・ルバックは、リンチを行った集団の行動を分析することで、この効果を立証しました。[6] １８８２年から１９２６年までにジョージア州で発生した集団リンチに関するアトランタ・コンスティチューション紙の記事を調べた結果、４１１件の事件と５１５名の犠牲者を確認することができました。彼らは、各事件の集団の規模や被害者の人種と性別、暴力の程度を調べました。すべてのリンチは死に至っていましたが、被害者が焼かれたり、首をしめられたり、殴られたりしたものは暴力性が高いリンチとして定義されました。その結果、リンチの際の集団の規模が暴力性の高さを一貫して予測することが示されました。

集団という状況は悪事を生む傾向があるようですが、その仕組みを正確に理解するのは困難です。それは、人は自分がなぜそのような行動をとったのか自覚していない場合があるため、自分の行為の原動力となったものを研究者に正しく説明することができないからです。また、自分の行動に言い訳をして、自分のことを良く見せよう、良い印象を与えようとする場合もあります。

ところが、近年の神経科学の進歩により、このような行動を解き明かすための重要なツールが提供されました。ニューロイメージング技術を用いれば、人がある行動をとっているときの脳の活動を調べることができるようになったのです。このことは、もはや動機について人の発言だけに頼る必要がなくなったことを意味しています。その代わりに、集団の中にいることで、脳の活動パターンがどのように変化するのかを調べられるようになりました。[7]

集団的状況によって神経反応が低下するのかどうかを調べた最初の研究は、マサチューセッツ工科大学の研究者によって行われました。研究のきっかけになったのは、研究者の一人であるミナ・シカラが大学院在籍時に経験したできごとでした。ある日の午後、シカラは夫と一緒にヤンキースタジアムで開催されたレッドソックス対ヤンキース、という往年のライバル同士の野球の試合を観戦しに出かけました。レッドソックスの帽子をかぶっていた夫は、ヤンキースのファンから執拗なまでの罵声を浴びせかけられました。シカラはその状況を打開しようと、「ヤンキースのファンであれば、女性を標的にして罵声を浴びせることはないだろう」と考えて、夫の帽子をかぶることにしました。

しかし、彼女は自分の考えが間違っていたことに気づきました。シカラは「人生の中で、あれほど罵られたのは初めてです」と述べています。[8] 試合観戦から帰ってきた彼女は、どうして集団の中にいると、普通の人でも（そうはいっても、その人たちはヤンキースファンなのですが）あんなにひどい態度をとるのか、その原因を突き止めようと決意しました。

シカラとその研究グループは、2つの疑問を検証する研究を立案しました。ひとつは、「人は集団の一員として競争的な課題に参加しているときは、単独で課題に参加しているときよりも、自分のことをあまり考えなくなるのだろうか」という疑問でした。そして、もうひとつは、「集団の一員として行動するとき、自分のことをあまり考えない人ほど、相手チームのメンバーに対して攻撃的な行動をとるのか」という疑問でした。[9] さらに、研究グループは、「集団での競争は、自分自身について意識しなくなる効果と、自らの行動を評価する能力を失う効果を生む」と仮説を立てました。

研究の前半では、ｆＭＲＩ（機能的磁気共鳴画像法）装置を用いて、研究参加者が一人でゲームをしたときと、チームの一員としてゲームをしたときの脳の活性化のパターンを測定しました。ゲームの際に、研究参加者は「私は共用の冷蔵庫から食品を盗んだことがある」「彼は他の人にぶつかった後は必ず謝る」など、自分や他の人のポジティブ、あるいはネガティブな道徳的行動を説明する文章を提示されました。

研究グループは、内側前頭前野と呼ばれる脳の特定の部位に注目しました。この部位は、人が他人について考えるときよりも、人が自分自身について考えるとき、つまり自らの性格特性や身体的特徴、精神状態についてじっくり考えるときに、活性化することがわかっています。[10]

シカラの研究グループは、一人でゲームをプレイしているときに自分自身に関する文章を読んだ場合は、他人に関する文章を読んだ場合と比べて、内側前頭前野の活性化の程度が大きくなることを発見しました。ところが、チームの一員としてプレイしたときでは、研究参加者の約半数が、内側前頭前野の活性化の差異がずっと少ないことがわかりました。

この研究結果は、集団になると自分自身についてあまり考えなくなる人が、実際に一定数存在することを物語っています。

しかし、この研究の重要な問題は、このような内省の減少がどのような結果を生むのか、というポイントです。

そこで、研究参加者に、自分のチームと相手のチームのメンバーの写真を選んでもらう実験も行いました。各メンバーの写真を6枚中1枚選出してもらい、その写真は、後日刊行物として出版される可能性があると伝えました。使用した写真は、魅力度に関する独立した評価が行われており、見栄えの悪い写真から見栄えの良い写真まで用意されていました。実験の結果、チームの一員としてプレイしたときに自己言及的思考が低下した研究参加者（内側前頭前野の活動レベルの低さで測定）は、自分のチームよりも、相手チームのメンバーの写真を選ぶときに、魅力度の低い写真を選ぶ傾向があることがわかりました。自己言及的思考の低下が示されなかった研究参加者は、両チームの写真を同様に選ぶ傾向が認められました。

この研究結果から、集団の中にいるときに自分自身のことをあまり考えない人ほど、他者を傷つける行動をとりやすいと結論づけられました。このような行動は、ヤンキースタジアムでレッドソックスの帽子をかぶったシカラが経験したように、人々が互いに直接競合する集団の中にいたときに、特に顕著になるのかもしれません。

この研究に携わった研究者の一人であるレベッカ・サックスは「人間は多くの場面で、公平・公正を強く好み、危害を加えることを道徳的に禁じますが、そこに『自分たち』と『彼ら』が存在すれば、その優先順位は変わります」と述べています。[11]

ただ命令に従っただけ

善良な人でも有害な行動をとることを示した最も初期の、そして最も有名な研究のひとつは、イエール大学のスタンレー・ミルグラムが実施したものです。ミルグラムは、権威ある人物から命令されたときに、人は他者に苦痛を与えるのか関心がありました。

彼が計画したのは、ナチスのホロコーストを支えた心理的プロセスを理解するための特別な研究です。ホロコーストでは、何百万人もの罪のない人々が、ただ命令に従っただけだと主張する人々によって殺害されました。ミルグラムは「服従は、行動の決定因として、特に現代と関連の深い問題である」と記しています。そして、彼は「ガス室が建てられ、見張りたちが死のキャンプを監視し、毎日の割り当て数の死体が生産された。この非人道的な政策は、一人の人間の頭から出たものかもしれないが、非常に多くの人たちが命令に従ったからこそ、大規模に実行することができたのである」（訳注：『服従の心理：アイヒマン実験』

河出書房新社）と述べています。[12]

ミルグラムは、一連の研究で、イェール大学の自身の実験室に男性を集めて、記憶と学習の研究と称する実験に参加してもらいました（彼のオリジナルの研究は40人の男性を対象に実施されましたが、その後の研究には女性も含まれました）。実験参加者は、実験室に到着後、実験者と名乗る人物に出迎えられて、もう一人の実験参加者を紹介されました。ところが、実はこの人物は研究協力者（訳注：いわゆるサクラで偽物の実験参加者）でした。実験者は、「この研究は、罰が学習の速度に与える影響を調べるために計画されています」と説明しました。

実験参加者は、一人が「教師」、もう一人が「学習者」を担当すると伝えられましたが、ミルグラムは常に実験参加者が教師、研究協力者が学習者になるように細工をしていました。学習者には、はじめに2つの単語がペアで提示されました。その後、その内の片方の単語が提示されて、4つの選択肢の中からペアになっていた単語を選び出す課題を行いました。教師は、学習者とコミュニケーションをとることは可能でしたが、その様子を確認することはできませんでした。そして、学習者が間違った答えを行った場合は教師が電気ショックを与えるように、と伝えられました。また、実験者は電気ショックが学習者の役に立つのか、それとも妨げになるのかを研究で評価しようとしていると思わせました（実際には電気ショックは与えられていませんでした）。

教師は、最低レベルの電気ショック（15ボルト）を学習者に与えることからスタートすること、そして学習者がミスをするたびに電気ショックのレベルを上げていくことを伝えられました。

学習者は、各電気ショックのレベルで標準的な反応を示しました。75ボルトでは、学習者は痛みで泣き出し、150ボルトになると、この実験から解放してほしいと言い出しました。さらに、学習者は、心臓が痛いとも言い始めました。教師がためらったり実験者に「電気ショックを与えることをやめてもいいか」と尋ねたりすると、電気ショックを与えることを促す４つのセリフのうち、１つが回答されました。そのセリフとは「お続けください」「実験のために、あなたが続けることが必要です」「あなたが続けることが絶対に不可欠です」「迷うことはありません。続けるべきです」でした。

実験者は、教師が電気ショックを与えることを拒否するか、最高レベル（450ボルトで、そこには「危険度レベルＸＸＸ」と表示されています）に達するまで、このセリフを与え続けました。

ミルグラムが驚いたことに、実験参加者の大多数（65%）が、まったく罪のないもう一人の実験参加者に最高レベルの電気ショックを与えることがわかりました。この極めて高い服従率に、多くの人が呆然となりました。ミルグラムが実験前に相談した精神科医は、最後まで服従する研究参加者は１%程度だろうと予測していました。このミルグラム研究は50年以上前に行われたものですが、最近ポーランドと米国で実施された同様の実験でも、同程度の高い服従率が確認されています。[13]

権威のある人物の命令に従って他人を傷つけようとする意欲は、現実の状況をよりはっきりと模擬した研究でも実証されています。

ある研究は、実験参加者に、求職者（実際は研究協力者）と思われる人物に対して、さまざまな質問文を読んでもらう実験を行いました。[14] 求職者は、30歳くらいの身なりの良い男性に演じてもらいました。研究者は、実験参加者に「求職者のプレッシャーへの反応を調べたい」と教示しました。そして「このまま試験を続けても落第します」「この仕事はあなたには難しすぎます」など、不快感が増す発言を含んだ質問文を読んで、求職者に嫌がらせするように求めました。求職者は、この「面接」を続ける過程で、実験参加者に嫌がらせをやめるように訴え、次に虐待を受けることに耐えかねて緊張の色を見せ、最後には絶望して質問に答えるのをやめる演技をしました。実験の結果、質問文を読み続けるように促す権威者がいない統制条件では、15個の質問文を全部読み終えた実験参加者はいませんでした。ところが、実験者に促された場合は、92％の実験参加者が最後まで質問文を読み終えたのです。

この結果は、たとえ罪のない人物に危害を加える場合でも、人は権威者の命令に従おうとする傾向があることを示しています。それはどうしてでしょうか？　中心的な要因のひとつとして、あらゆるネガティブな結果に責任を負う、という権威者の積極的な姿勢の存在が想定されます。これによって、悪事に加担する人は、不正行為からは逃れられると感じてしまいます。[15]　イラクのアブグレイブで囚人を虐待した米兵から（訳注：アブグレイブ刑務所での捕虜虐待事件のこと。第9章で説明）、企業不正に関与した幹部社員まで、このような理由に基づいて免罪を求める傾向は、現実場面で繰り返し認められています。[16]

実験的研究は、有害な行為をすることに責任を感じていない人ほど、それを進んで行うことを実証しています。ミルグラム研究の追試の実験参加者のうち、学習者の幸福に責任があることを明示して、危害を加えることに対する責任を強く感じるように操作された人は、有意に早く、その手続きに従うことを止めたことがわかっています。[17]　そして、他の人に危害を加えることに責任を感じていた人は、傷つける命令に抵抗できることも明らかにされています。ミルグラム研究の最近の追試研究のひとつでは、実験参加者の発話を詳細に分析した結果、自分の行動には責任があるという感覚を示した実験参加者は、命令に抵抗して電気ショックを与えることをやめる可能性が高いことがわかりました。[18]

これらの研究結果は、責任を感じなければ、コンプライアンス上、有害な行動をとる傾向が強まることを教えてくれますが、その理由はよくわかりません。

ニュルンベルク国際軍事裁判で、ナチスの被告が自らの行動を「ただ命令に従っただけだ」と述べたように、人は自分の行動の結果を直視しないため、その行為を権威者の指示のせいにするのでしょうか？　それとも、命令に従うという行為は、実際に神経学的なレベルで私たちの行動の処理の仕方を変えてしまうのでしょうか？

ロンドン大学の認知神経科学者であるパトリック・ハガードとその研究グループは、この疑問を検証する研究を計画しました。[19] 実験参加者として集められた大学生は、「人はするべきことを指示されたときに他者とどのように相互作用して、その経験をどのように処理するのか調べる研究」だと伝えられました。そして、実験参加者は2人組になって「痛いが我慢できる」程度の電気ショックをパートナーに与えることが求められました。ある条件では、実験参加者はパートナーに電気ショックを与えるかどうかの選択肢が与えられて、電気ショックを与えればいくらかの追加料金を受け取ることができる、と告げられました。もう一方の条件では、実験参加者は、実験者から「電気ショックを与えるように」と命じられました。

研究グループは、脳波計を使って実験参加者の脳活動をモニターしました。脳波計を使うことで、神経科学者が「事象関連電位（event-related potential）」と呼ぶ指標を検出することができます。事象関連電位とは、顔写真を見たときや驚いたときなど、さまざまな感覚、運動、認知の事象に反応して脳内で発生する、とても小さな電圧のことです。一般的に、行動を自由に選択できた人は、行動を指示された人と比べて、事象関連電位の振幅が大きくなります。これは脳波が大きいことを示しており、より活発で強烈な体験であったことを意味します。[20]

研究グループは、命令されずに電気ショックを与えた人では、命令に従って電気ショックを与えた人よりも、大きな事象関連電位の振幅が示されるのかを調べました。

はじめに、自分の意志で電気ショックを与えた人（87％）は、命令された人（35％）よりも責任を感じていたことが確認されました。脳波のデータを見ると、確かに自発的に電気ショックを与えた人は、命令された人と比べて事象関連電位の振幅が大きいことがわかりました。これは何を物語るのでしょう？　他人に危害を加えるように言われたり、強制されたりした人、つまり「ただ命令に従っただけだ」という人は、同じ行動を自発的に選択した人よりも、その行動の強度を弱く経験するようです。

脳の反応が弱いということは、神経学的なレベルで言うと、命令された場合は自分の意志で同じことをするときよりも、問題がないように思えてしまうことを示しています。そうすると、人は自分の行動に責任を感じにくくなり、悪事に加担しやすくなります。つまり、「ただ命令に従っただけだ」という弁明は、単に自らの行動をさかのぼって言い訳するためではないのかもしれません。権威者の明確な命令に従って誰かに危害を与えた場合、その行動は脳では異なる処理が行われているのです。

同一視の影響

悪事を働いた証拠を突きつけられると、それを誰かのせいにしようとするのは人間の生来の性向です。結局のところ、それが自分のせいでなければ「本当は、自分はいい人間なのだ」と、自分自身に、場合によっては他人にも思い込ませることができるからです。先ほど、神経科学のデータから「命令に従って行動している人は、自分の意志で行動している人よりも自らの行動を強く体験していないことが示唆された」と説明しました。しかし心理学者は、時として人は命令を与える人物と自分を同一視すること、それによって自ら進んで悪事を働くことも明らかにしています。これは、特にカリスマ的な宗教指導者や政治指導者に同一視した場合に認められます。

セントアンドリュース大学とエクセター大学の研究者は、命令を与える人物との同一視が行動にどのような影響を与えるのかを調べる研究を行いました。[21]

彼らは研究参加者を募集してミルグラムの一連の研究を読んでもらい、ミルグラム研究の実験参加者は「実験者（命令を与える人物）」、あるいは「学習者（電気ショックを受ける人物）」にどれくらい同一視することができたのかを答えてもらいました。この研究では、専門家群（ミルグラム研究のことを知っている心理学者）と非専門家群（ミルグラム研究のことを知らない心理学入門クラスの学生）を実験参加者に選び、両群の評価には差が出ることを想定していました（ところが、分析したところ両群の結果は同じでした）。

両群の実験参加者には、ミルグラムが長年にわたって行ってきた15種類の実験バリエーションを含む一連の研究を読んでもらいました。ミルグラム研究の実験バリエーションは、若干ではありますが、重要な点において実験手続きに変更が施されていました。ある実験バリエーションでは、実験者が直接対面で電気ショックを与えるように命令するのではなく、電話を使用して命令を与えていました。また、別の実験バリエーションでは、名門のイェール大学ではなく、コネチカット州ブリッジポートにあるオフィスビルで実験が行われていました。

実験参加者である心理学者と学生は、ミルグラム研究の実験バリエーションが、科学コミュニティの住人である実験者と、一般市民コミュニティに所属する学習者への同一視の程度にどのように影響すると思うのかを回答しました。そして、研究者は、さまざまな実験バリエーションに対する実験参加者の同一視に関する評価が、命令への服従（あるいは抵抗）と相関しているのかどうかを検討しました。

同一視は服従に影響していたのでしょうか？ 結果はイエスです。実験参加者に自分の行動が科学的知識の追求に価値ある貢献をするものだと認識させて、実験参加者を実験者に同一視するように仕向けられていた実験バリエーションでは、命令に従って実験参加者が電気ショックを与える傾向が認められました。そのうちの実験バリエーションのひとつは、学習者は言葉で訴えずに、ただ壁を叩いて抗議した実験条件でした（訳注：服従率65％）。別の実験バリエーションでは、2人目の実験者が命令の間に介在しており、電気ショックを与えるプロセスの迅速化を図る実験条件が設定されていました（訳注：服従率92・5％）。

実験参加者が学習者に同一視しやすい実験バリエーションでは、実験参加者は、命令に対してより早く、強固に抵抗する傾向が認められました。ある実験バリエーションでは、他の実験参加者2人（実際はサクラ役である研究協力者）が電気ショックを与え続けることを拒否するという条件設定が行われていました（訳注：服従率10％）。また、別の実験バリエーションでは、実験者2人がショックを与え続けるべきかどうかの議論で対立する実験条件が設定されていました（訳注：服従率0％）。

これらの研究結果は、人が命令に従って有害な行動をとるのは単に責任を免れるためではなく、自分の行動が価値ある目的のために役に立っていると信じ込むようになるからだと示唆しています。

この説明は、ナチスの政策が壊滅的な結果を生んだ要因のいくつかについて洞察を与えます。当時の人々は、ただ嫌々と、あるいは無感覚的に命令に従ったわけではありません。多くの場合、人々はファシズムの社会的なビジョンと使命を受け入れていました。すなわち、当時の人々はヒトラーの主張する危険性に共鳴して、そのたくましい愛国心や過去への郷愁を共有しており、部外者を憎悪し人種的に純粋な社会をつくるというビジョンを信奉していました。

一部の人はどうして悪事を働くのか、それ以外の人はなぜそんなことをしないのかという問いは、善人なのか悪人なのかという単純な問題ではありません。私たちが想像するよりもはるかに、状況的要因や自己同一視に関する問題のほうが重要なのです。[22]

決断できない苦しみ

ミルグラム研究の実験参加者のほとんどは、自分が無実の人にだんだんと痛みが強くなる電気ショックを与えていることを信じていました。しかし、この研究で見過ごされがちなのは、権威に従い続けるという選択をすることが、実験参加者にとって容易ではなかったというポイントです。実験のビデオテープを見てみると、実験参加者の多くが、電気ショックを与えながら自分の行いに苦悩している様子がわかります。ミルグラムは、悩みを抱えた一人の実験参加者の様子を次のように記しています。

「私は、落ち着いた様子で心の準備もできているように見えたビジネスマンが、ニコニコしながら自信満々に実験室に入るところを目撃しました。ところが、20分もしないうちに、彼には痙攣や吃音が認められるようになり、急速に神経衰弱の状態に近づいていることがわかりました。彼は、常に耳たぶを引っ張り、手をひねっていました。そしてあるとき、彼は拳を額に押し当てて『ああ、神様。もうやめましょう』とつぶやきました[23]」

この男性も、他の実験参加者と同様に450ボルトまで電気ショックを与え続けました。しかし、彼が何にも気づかずに、盲目的に権力に服従した怪物だとは言い難いと思います。

ミルグラム研究の実験参加者は、困難かつ異常なジレンマに直面しました。彼らは、科学の目的を達成するための研究への参加に同意しており、命令を与える実験者を信頼していました。ところが、電気ショックのレベルがエスカレートして、もはや「軽い罰」ではなくなったことがわかったときには、実験参加者はそこから抜け出すことが非常に難しくなっていました。

ほとんどの実験参加者は、抵抗を試みました。例えば、実験者に向かってどうすべきかを尋ねたりしました。実験参加者の中には、実験者を押しのけて生徒役の人の様子を見に行こうとした人や、「私はこれ以上参加しません」と言った人もいました。ただし、ほとんどの実験参加者は、電気ショックを与えることをやめませんでした。実際、多くの実験参加者は、自分の直感に従って実験室から出るのが困難でした。言い換えるならば、実験参加者は正しいことをしたいと思っており、何度もそうしようとしていました。しかし、自分の決断を実行には移せなかったのです。

それでは、権威者に立ち向かうことができたのはどのような人だったのでしょうか？ミルグラムは、実験参加者をシンプルに「服従」と「不服従」に分類しましたが、近年この研究の音声記録を分析したところ、ニュアンスが大きく異なっていることがわかりました。[24] どちらのグループも、多くの人が何らかの形で命令に抵抗していたのです。

電気ショックを与えるのをためらう人、相手に危害を加えることを心配する人、実験を止めようとする人など、さまざまな実験参加者がいました。最も強い電気ショックを与えることを拒否した「不服従」の実験参加者のうち、98％が早い段階で「私はもうできません」「もうやりたくありません」と主張するなど、研究への参加をやめようとしていました。そして、最後まで電気ショックを与え続けた「服従」の実験参加者19％が、そういうことをするのは嫌だと直接訴えるなど、拒否の意志を表明していました。

最終的に実験者に逆らった人物がとった行動は多様でした。さまざまな方法を駆使して抵抗を試みた実験参加者、そして早期の段階で権威者に異議を唱えた実験参加者ほど、高い確率で命令への服従をやめていました。この知見は、正しいことをしたいと思う人がそうできないのは、正しいスキルや方法を持たないからだということを物語っています。

私は、本書を通して、あなたが「これ以上は無理」「こんなことはもうやりたくない」と思ったときに、それを実行に移せるようになるためのツールや実践法をお教えします。

緩やかなエスカレート

間違っているとわかっていることに従ってしまうもうひとつの理由は、状況が少しずつエスカレートするからです。時には、途中で「これは間違っている」と感じる場合もあります。しかし、その段階では比較的些細なことに感じられるため、決断を難しくします。そして、被害が拡大したときには、事前の対応が不十分だったことを解明せずに軌道修正することが容易ではなくなっているのです。この現象は「漸進的エスカレーション（gradual escalation）」と呼ばれており、早期の問題発見と解決を困難にします。代表的な例は、大規模な出資金詐欺で数百万ドルを詐取した金融業者バーニー・マドフ（訳注：史上最大のネズミ講詐欺とされる事件の首謀者）です。彼は、そのきっかけについて「何が起きるのかをよくご存知でしょうが、数百ドル、数千ドルくらいの、ほんの少しのお金を出資することから始まります。それに慣れてくると、いつの間にか、出資するお金は雪だるま式に増えていくのです」と説明しています。[25] 学歴詐称、フラタニティでのいじめ、セクハラなど、その他の悪事もまったく同じように行われることが多いのです。

実証的な研究によれば、小さな違反が人々を危険な道へと誘うことがわかっています。つまり、ちょっとした悪事を働くことで、もっと大きな、より重大な犯罪に手を染める可能性が高まるのです。あるとき、あなたがちょっとした過ちをしてしまったとします。そうすると、あなたは自分自身をポジティブに捉えて、その行為を正当化する必要がありますす（誰もがそのように正当化したいのです）。あなたはこの過ちについて、そんなに大したことではないと考えるかもしれません。しかしそうすると、後でもっと重大な違反行為を容認しやすくなってしまいます。

ある研究では、小さな不正の実行が、その後に大きな不正を行う可能性を高めるのかを調べました。研究者は、大学生に数学の問題を解答してもらう実験を3回に分けて行いました。[26] 大学生は次の3つの実験群のいずれかに無作為に割り当てられました。

第1実験群：3回の各試行で正解するたびに2.50ドルの報酬を受け取れる条件
第2実験群：最初の2回の試行は報酬を得られないが、3回目の試行では正解すると2.50ドルの報酬を受け取れる条件
第3実験群：1回目の試行で正解すると25セント、2回目の試行で正解すると1ドル、3回目の試行で正解すると2.50ドルの報酬を受け取れる条件

実験参加者は、各試行後に解答用紙を渡されて、自分の結果を確認した後に封筒から報酬となるお金を取り出すよう伝えられました。研究者は、実験参加者に気づかれずに、実験参加者が正しい報酬金額を計算したのかどうかを後で確認することができました。

何が起きたのかを予想できるでしょうか？　報酬が徐々に増えていく第3実験群では、第1実験群と第2実験群の2倍の割合で実験参加者がズルをしていたことがわかりました。第3実験群の実験参加者は、最初の嘘がとても些細なものだったので（嘘をついても25セントしかもらえません）、それは大したことではないと考えたようです。ただし、最初の試行で嘘をつくと、その後に行われる報酬が大きい試行でも嘘をつき続けやすくなりました。

企業の不正行為も、小さな非倫理的行為から重大な犯罪的行為に至るまで、しばしば同様に発展します。不正会計で有罪になった経営者は、一連の不正の経緯を説明する際に、自らの悪事がいつから始まったのかを正確に思い出せないことが多いそうです。[27] フラタニティの入会手続きも、このように徐々に要求がエスカレートしていくパターンが多いのです。それは、クラブメンバーのための使い走りや車の掃除といった小さな命令に始まり、飲酒の強要や肉体的な痛めつけなどのより厳しい命令へと発展していきます。

つまり、小さな違反への関与は、より大きな違反に加担しやすくさせます。それは、自分の行動を正当化するためです。もうひとつの説明は、人は悪事を働いたとき、それを悪いことだと認識しているため、最初のうちは不快な生理的興奮を感じるけれども、時間経過とともに適応する、というものです。この考えを裏付けるように、ネガティブな画像（暴力、死、怒りなど）を繰り返し見た後では、感情を処理する脳の部位である扁桃体の活性化のレベルが低下することが実証されています。[28]

ユニバーシティ・カレッジ・ロンドンとデューク大学の研究者は、小さな不正行為を働くことが脳の活性化の低下を招くのかを調べました。[29] 研究者は、ｆＭＲＩ装置を使って、一連の推定課題を行っている人々の脳の様子をモニターしました。その課題とは、瓶の中にある小銭の数を、パートナー（実際は研究協力者）と一緒に推測するという内容でした。ある条件では、実験参加者とパートナーが最も正確な数を推測した場合に、最大の報酬が得られると伝えました。また、別の条件では、実験参加者が意図的に数を過大評価、あるいは過小評価する嘘をつくと実験参加者は最大の報酬が得られるけれども、パートナーは少ない報酬しか得られなくなると伝えました。この方法をとることで、実験参加者が意図的に不正確な推測を提示しようとしたときに、脳がどのような反応を示すのかを測定できます。

実験参加者が意図的に不誠実な推測を行った最初の試行では、扁桃体が強い反応を示しました。これは、実験参加者が嘘をついていることを自覚していて、それに嫌悪感を抱いていたことを示唆しています。ところが、試行を繰り返すうちに、実験参加者の扁桃体の活動レベルが大幅に低下しました。これは神経反応が弱まったことを意味します。つまり、小さな嘘をつくことで、悪いと知っていることをしたときに生じるネガティブな感情に対して脳が鈍感になり、その結果、将来的に悪事を働きやすくなると考えられるのです。そして、1回の試行における扁桃体の活動レベルの低下が大きいほど、その後の試行で嘘をつく可能性が高くなること、その嘘が大きくなることもわかりました。

この研究では、繰り返し嘘をついたときの脳の反応を調べただけです。しかし、不誠実な行為を繰り返すと神経反応が低下するという知見は、悪いとわかっている行為に最初は扁桃体が強く反応するけれども、悪事を繰り返すうちに情動反応が弱まることを示しています。この研究論文の著者の一人は「私利私欲のために嘘をつくと、扁桃体からネガティブな感情が生まれ、嘘をつくことに制限がかかります。しかし、この反応は、嘘をつき続けると薄れていき、反応が薄れるほど私たちの嘘は大きくなっていきます。これは、小さな不誠実な行為がより重大な嘘へとエスカレートしていく『危険な道』につながるのかもしれません」と述べています。[30]

私たちは、善良な人々が普通は悪事を働こうとはしない、ということをよく知っています。しかしこの研究は、どんな理由であれ、間違った方向に小さな一歩を踏み出すと、その間違った方向にどんどん大きな一歩を踏み出すことになる、と示しているのです。

この知見は、小さな電気ショックを与えることから始まったミルグラムの研究で、非常に高い服従率が生じた理由を説明するのに役立ちます。この研究において、ほとんどの実験参加者は、はじめのうちは実験者の要求に従うことに抵抗を感じておらず、非常に強い電気ショックを与えるまで、その要求に何度も従い続けました。[31] 実験参加者にとっては、最初に与える電気ショックは15ボルト、次は30ボルト、そして45ボルトと、どれも大したことではないように感じられました。彼らは、「自分たちは科学のために実験に参加していて、尊敬する教授たちが罰と学習の関係を明らかにするサポートをしている」と考えていました。しかし、このように徐々に電気ショックを強めることは、実験参加者が後から電気ショックをやめる決断を正当化するための選択肢がなくなることを意味します。そして、電気ショックを与え続けるうちに、実験参加者の生理的・神経学的反応は弱まっていったのでしょう。ほとんどの人は、たとえ尊敬する権威者に命じられた場合でも「危険度レベルＸＸＸ」と表示された４５０ボルトの電気ショックを、他人に与えたくはないはずだからです。

それでは、電気ショックをやめることには、何が関与するのでしょうか？

良いニュースがあります。実験参加者の中には、電気ショックをやめる決断をした人がいたのです。彼らを抵抗に向かわせたものについて詳しく知ることは、あらゆる社会的圧力に人々が立ち向かう際に有用な洞察を与えてくれます。

実験の音声記録を調査した結果、一部の参加者が従わなかった要因の一端が明らかになりました。大きな声で命令に問い合わせを始めるのが早い人ほど、最終的に命令に服従しなくなる可能性が高いことがわかったのです。[32]命令にはっきりと疑問を抱いた人は、自分のしていることを合理的に説明することが困難でした。

ミルグラムの研究のすべての実験バリエーションにおいて、命令に従わなかった実験参加者は、与える電気ショックが150ボルトに達すると従わなくなりました。[33]100ボルトの電気ショックを与えられて、115ボルトの電気ショックを与えられないことには、一体何が関係するのでしょうか？　この電圧のレベルは何か特別なのでしょうか？　これは、電気ショックの被害者が実験からの解放を初めて求める電圧のレベルでした。この被害者からのリクエストが相互作用の力学を変えました。実験者に服従しなかった人は、実験者の指示よりも、被害者の「実験を続けたくない」という気持ちを優先したのです。

ミルグラム研究で権威に反抗した実験参加者は、自分が何を求められているかをしっかりと考えることを選んだ普通の人々でした。その熟慮によって、彼らは状況的圧力に逆らうことができたのです。それでは、権威に反抗した実験参加者は他の実験参加者と何が違っていたのでしょうか？　そして、私たちは彼らから何を学べるのでしょうか？

沈黙と不作為を理解する

これまで私は、善良な人々が悪事を働く例と、そのような行動を促すいくつかの状況的要因に焦点を当ててきました。このような状況的要因を理解することは、誰もがその影響を受ける可能性があることに気づかせてくれるため、その影響力に抵抗する方法を生み出す一助になります。例えば、権威者の命令に疑問をもったり、小さな不正行為に従事させようとする圧力に抵抗したりすることの重要性を理解している人は、これらの影響力の餌食になる可能性が低いことが研究によって明らかにされています。

私は、本書の冒頭で、2人の男子高校生による10代の少女への性的暴行事件を取り上げました。これから事件の全貌を説明します。あの夜に悪事に加担したのは、有罪が確定した2人の生徒だけではありませんでした。別の2人の生徒が、完全に抵抗できないようにするために少女の手首と足首を掴んでいました。そして数人の生徒は、全裸で意識を失っている彼女の様子を撮影し、その画像を他の生徒と共有して、ツイッター、フェイスブック、ユーチューブに投稿していました。暴行を止めようと介入したり、危険な状況から彼女を遠ざけたり、通報して彼女を助けようとした生徒は一人もいませんでした。

少女をレイプした2人の生徒が恐ろしいことをしたのは間違いありません。しかし、他の多くの生徒たちが何らかの形で介入する力を持ちながら、それを選ばなかったことも明らかです。ある程度ではありますが、彼らの不作為がこの事件を許してしまったのです。

残念ながら、何が起きているのかが明確にわかる状況だったとしても、行動を抑制するプレッシャーを克服できる人はほとんどいないことが示されています。リンチに関する本の著者であるシェリリン・イフィルは、米国のアフリカ系米国人に対するリンチがしばしば公共の場で実施されていたこと、何百人、時には何千人もの人々がそれを見守っていたことを明らかにしました。[34] 観察者全員がそのイベントを祝福していたわけではありません。そこには怖がっていた人もいたはずですが、介入しようとした人はほとんどいませんでした。

少数の悪事が多くの人々に無視されたり見過ごされたりする例は、昔も今もよく認められます。ペンシルベニア州立大学で19歳の学生がフラタニティの新入生いじめに遭って階段から転落したのに、どうして多くの人々は通報しようとしなかったのでしょうか？ なぜ多くの共和党の指導者たちは、メキシコ人を「強姦魔」や「殺人鬼」呼ばわりするトランプ大統領の攻撃的な発言を無視するのでしょうか？ なぜカトリック教会は、子どもたちを虐待していた神父を守ることを選んだのでしょうか？ ミシガン州立大学のコーチや管理職、米国体操協会の関係者に至るまで、なぜ多くの人々はラリー・ナサール（訳注：米国女子体操界で起きた性的虐待事件の犯人）による若い体操選手への性的暴行を示唆する情報に、長年対処しなかったのでしょうか？

これらすべての例において、悪事を働いたのは少数の人間でしたが、他の多くの人たちは、その悪事を止めるために何もしようとはしませんでした。

悪事の継続を許す唯一最大の要因は、腐ったリンゴとも称される個々の悪人よりも、善良な人々が立ち上がって正しい行いをしないことにあります。マーティン・ルーサー・キング・ジュニア（訳注：キング牧師のこと）は、1959年の演説で「この変革の時代における最大の悲劇は、悪人の執拗な暴言ではなく善人の沈黙であったことを、歴史は記録しなければならないだろう」と述べており、この傾向について指摘しています。[35]

しかし、心強いニュースがあります。私たちのような善良な人々が沈黙して何もしなくなる要因を理解することで、立ち上がって行動を起こすために必要なツールを提供することができます。

次章で述べますが、私たちは悪事に気づきつつも責任を感じることはなく、他人が代わりに何かをしてくれることを望んでいるのかもしれません。あるいは、第3章で説明しますが、曖昧なできごとを悪事として解釈しにくい可能性があります。第4章で取り上げるように、介入することには身体的にも社会的にもコストがかかりすぎると考えているのかもしれません。おそらく最も重要なポイントは、第5章で述べますが、自分が所属する社会集団のメンバーに立ち向かうことで、個人的、職業的、社会的に生まれる結果を恐れることにあると思います。

しかし、あなたが何をすべきかを知っていれば、これらの力の一つひとつを克服することはできるのです。

第２章　誰の責任？

２０１７年４月９日、69歳の医師デイビッド・ダオは、オーバーブッキングされたユナイテッド航空のフライトで席を譲らなかったために、シカゴ・オヘア国際空港で強制的に降ろされました。彼は、シカゴ航空局の３人の警備員に機内の通路を引きずられ、肘掛けに頭をぶつけて意識を失い、脳震盪と鼻骨骨折、歯を２本失うけがを負いました。

このできごとは、複数の乗客が事件の様子を撮影してソーシャルメディアに動画投稿をしたことで大きな話題になりました。

この動画を見た多くの人々は、ダオに対する扱いの悪さに注目しましたが、私が驚いたポイントは他にありました。この飛行機は物言わぬ乗客で一杯だったのです。乗客は何が起きているのかをはっきりと認識していました。たくさんの人が携帯電話を取り出して様子を撮影していて、後にソーシャルメディアで大きな声で怒りを表明しました。ところが、その場で「何をやっているの！」と叫んだのはただ一人の女性だけでした。明らかに不適切な行為だったにもかかわらず、警備員に立ち向かったり、阻止しようと介入した人は誰もいませんでした。

これは驚くべきことではありません。たくさんの研究が示しているように、私たちは他者がいると介入しにくくなります。他の人が何かしてくれる、自分は何もしなくてよいと思い込んでしまうのです。

皮肉なことですが、この傾向は心理学者が「責任の分散（diffusion of responsibility）」と呼ぶものです。責任の分散は、被害者が援助を受け取れる可能性がその場に居合わせた人の数に反比例することを意味します。心理学者はこの現象を「傍観者効果（bystander effect）」と呼んでいます。

しかし、本章の最後で説明しますが、これは厳密な規則ではなく、集団の中にいる人が傍観者の役割から抜け出すことができる場合もあります。

傍観者効果に関与する要因は一体何でしょうか？　他者の存在は、緊急事態に対する私たちの反応にどのような影響を及ぼすのでしょうか？　状況によっては、集団の中にいるときでも、何か違うことをしたり、立ち上がったりすることができる人がいます。それでは、その人たちの能力について、どのようなことがわかっているのでしょうか？

傍観者効果の誕生

傍観者の不作為に関する研究は、1964年にクイーンズ区で起きた、キティ・ジェノヴィーズという若い女性がアパートの外で殺害された有名な事件をきっかけにスタートしました。ニューヨーク・タイムズ誌は、彼女の殺人事件を取材して、都会での暮らしを非難し、その非人間的な影響を明示する記事を掲載しました。[1] この記事には、その夜のできごとが説明されており、38人の目撃者が事件を見聞きしたにもかかわらず、暴行されているキティを助けに行ったり、警察に通報したりした人が誰もいなかったことが述べられました。最近の研究ではこの記事にはいくつかの誤りがあることが明らかになっていますが、この事件をきっかけにして、心理学では傍観者効果として分類されるようになる現象に関する研究が盛んに行われるようになりました。[2]

キティ・ジェノヴィーズ事件をきっかけとした初期の研究のひとつは、ニューヨーク大学のジョン・ダーリーとコロンビア大学のビブ・ラタネが行った現実的な緊急事態の状況を作り出した実験です。この研究では、他者の存在が実験参加者の反応にどのような影響を与えるのかを評価しました。[3] 2人の疑問は、「自分だけが救助に応じる責任があると信じている状況と、他の人も同じ情報を共有しており、他の人も救助に対応できると信じている状況では、実験参加者の行動が異なるのか」というものでした。実験参加者は全員大学生でした。実験では、この研究は学生が直面する一般的な個人的問題を調べており、秘密保持のために実験参加者は個室に入ること、実験者が会話を盗聴することはないことを伝えました。各実験参加者は、インターホン接続された一連の小部屋のひとつに案内されて、インターホンを使用して他の5人の実験参加者とコミュニケーションをとるように指示されました。その後、実験参加者は自己紹介を求められ、実験参加者（実は研究協力者）のジョンは、自分はストレスが引き金で起きることがある、てんかん発作に悩まされていると話しました。さらに彼は、自分の言葉が不明瞭になり始めたら、誰かが助けを呼びに行くことがとても大切だと伝えました。

次に研究者は、この研究の重要なポイントを説明しました。実験参加者の半数には、インターホンを通した会話はグループ全員が聞くことができることを告げました。実験参加者の残りの半数には、ジョンのインターホンが正しく作動していないこと、ジョンが話していることを聞き取れるのはあなただけなので、グループ全員に聞こえるようにジョンが言ったことは何でも繰り返すべきだと伝えました。

お見通しかもしれませんが、会話が始まって数分後、ジョンの言葉は不明瞭になり、彼は助けを求めました。

彼を救助するために、誰が立ち上がったのでしょうか？　はじめに良いニュースです。

ジョンの声を聞くことができるのは自分だけだと伝えられた実験参加者の85％が、すぐに助けを呼ぶために部屋を出ました（残りの15％は一体何を考えていたのでしょう）。部屋を出た人たちは、ジョンが発作を起こす寸前だと知っているのは自分だけだと信じていました。そのため、彼らは責任を感じており、行動する必要性があることを知っていたのです。

しかし、悪いニュースもあります。グループ全員がジョンの声を聞くことができると告げられた実験参加者では、救助を求める割合が大幅に低くなったのです。他に４人の実験参加者がジョンの声を聞いていると思っていた実験参加者のうち、６分以内に部屋を出た人はわずか31％でした。彼らは、他の誰かが助けを求めに行ってくれると思い込んでいて、自分が助けを求めに行く責任を感じていなかったに違いありません。

ダーリーとラタネの研究は、現実世界でしばしば発生する状況を模擬した実験的パラダイムを作り出して行われました。その状況とは、傍観者が緊急事態に直面し、そしてその事態に気づいている人々が周囲にいる状況では、どのように反応したらよいのかがわからなくなるということです。ダーリーとラタネは、大勢の前で緊急事態が起きると、誰か他の人が立ち上がるだろうと様子見をする傾向があること、緊急事態が一人の人間の前で発生すると、行動する責任が自分にあるということをはっきりと認識するため、他者を救助しようとする可能性が高くなることを明らかにしました。

しかし、この画期的な研究から得られたもっと重要な発見は、助けを呼びに行かなかった実験参加者は、緊急事態を無視する冷淡で無気力な傍観者、というステレオタイプには合致しなかったというポイントです。研究の最後に実験者が部屋に入ると、実験参加者の多くがジョンのことを心配して「彼は大丈夫ですか」「適切な処置を受けていますか」と尋ねてきました。実験参加者には手の震えや発汗といった身体的興奮の兆候も認められました。そんなに心配して不安を感じていたのに、どうして行動を起こさなかったのでしょう？

ダーリーとラタネは、助けを呼びに行かなかった実験参加者は、そうすることをはっきりとは決断していなかったと指摘しています。研究者は、むしろ、実験参加者は決心できない状態にいたのだろうと考察しました。集団状況にいる実験参加者は、頭の中でさまざまな可能性を考えて、どうすべきか決めようとしていたのかもしれません。行動する必要がなかったからこそ、実験参加者は行動しない理由を考え始めたのでしょう。もしかすると、他の誰かがすでに助けを呼んだかもしれません。その場合、自分の行動は更なる混乱を引き起こすだけです。また、救助を求めるのは過剰反応かもしれず、恥ずかしい思いをするかもしれません。ひょっとすると、部屋を出てしまうとこの実験が台無しになる可能性だってあります。一方、一人状況条件の実験参加者は、あの人を助けることができるのは自分だけだと理解していたので、これらの変数を考慮しませんでした。つまり、一人状況条件の実験参加者の責任は明確だったのです。

「集団的状況では人が救助を行う可能性が大きく低下する」というこの知見は、現実の緊急事態でも繰り返し確認されてきました。以下に最近の例を示します。

- フロリダ州ココアのティーンエイジャーのグループが池で溺れている男性を発見したが、誰も助けようとはせず、救助を求めることもしなかった。[4]
- フロリダ州立大学のある学生は、バーボンを大量に飲んで気を失ったため、ソファーに運ばれた。彼は意識不明の状態で横たわっていたが、フラタニティのメンバーは彼の周りでお酒を飲み、大騒ぎを続けて、ビリヤードで遊んでいた。翌朝、その学生の死亡が確認された。[5]
- ロンドンの混雑したショッピング街で、男性がイスラム教徒の女性の頭からヒジャブを取ろうとしたとき、たくさんの買い物客がこの攻撃を目撃したが、誰も助けに行こうとはしなかった。[6]
- 中国で2歳の女児が車にひかれ、少なくとも18人が周囲を歩く中、女児は7分以上血を流して横たわっていた。[7]
- インドで白昼堂々、女性がレイプされた。性的暴行が行われている間、たくさんの人が通り過ぎたが、暴行を止めようとした人はいなかった。[8]

これらの事例すべてで、傍観者は救助することができたはずです。そして、間違いなく、人助けを行うべきでした。

このような不作為の傾向は、幼児にも認められています。マックス・プランク進化人類学研究所のマリア・プレトナーとその研究グループは、幼児が傍観者効果の影響を受けやすいのかどうかを検証し、幼児の行動にどのような要因が関係するのかを調べるための研究を計画しました。[9] この研究では、実験参加者となる5歳児は絵に色を塗るように教えを受けて、その後に実験者が手助けを求める状況を提示しました。

子どもが手助けをする傾向が、責任の分散（他の誰かが手助けするかもしれないので、助けようとするプレッシャーをあまり感じなくなる）や社会的要因（手助けが必要な状況かどうかについて確信が持てない、あるいは人前で手伝うことを恥ずかしく感じるなど）の影響を受けるのかを調べるために、研究者は、（1）子どもが1人だけで参加する条件、（2）物理的に手助けできるように見える他の子ども2人と一緒のグループになる条件（傍観者条件）、（3）物理的に手助けできないように見える他の子ども2人と一緒のグループになる条件（傍観者無効条件）、という3つの条件を用意しました。一緒のグループになる傍観者役の子ども2人にはあらかじめ、実験参加者になる子どもの手助けをしてはいけないことを伝えていました。

実験参加者の子どもが絵を描き始めてから約30秒後、実験者は「思いがけず」水の入ったコップを倒して、床に水をこぼしました。そして、実験者は苦痛を露わにして「うっ」とうめき声をあげながら、子どもからは見えるけれども、手の届かないところにある床に転がっていたペーパータオルに向かってジェスチャーをしました。実験者は、子どもがどれくらいのスピードで水を拭き取る手伝いに来てくれるのかを測定しました。

実験の結果、実験者と2人きりだった子どものほうが、手助けできるように見えた他の子どもたちと一緒にいた子どもよりも、実験者を助ける可能性が高いこと、しかもそのスピードが速いことが明らかになりました。これは大人を対象とした傍観者介入研究の伝統的な知見と同じです。では、3つ目の条件である、手助けできないように見えた他の子どもたちと一緒にいた子どもには、どんなことが起きたのでしょう？　この条件の子どもは、子どもが1人だけで参加する条件と同じスピードで手助けを行ったのです。

そのときの状況で機能していた力について詳しく知るために、研究者は、研究の最後に子どもたち一人ひとりと少し話をしました。研究者は、実験者が本当に助けを必要にしていたのか、実験者を手助けすることは誰の仕事だと思うのか、誰が助けるべきなのかをどうやって知ったのか、実験者を助ける方法を知っていたのかなどを子どもたちに質問しました。

3つの条件すべてで、ほとんどの幼児は手助けが必要だと認識していたことがわかりましたが、手助けを行う責任を同等には感じていませんでした。子どもが1人だけで参加する条件と傍観者無効条件では、53％の子どもが「手助けをするのは自分の仕事だ」と回答しました。一方、他に助っ人候補となる子どもがいた傍観者条件では、そのように答えた子どもはわずか12％でした。さらに、研究者は、幼児が手助けの方法を知っていたのかの回答に違いがあることも発見しました。傍観者条件では、半数近くの子どもの47％が実験者を手助けする方法を知らないと答えました。一方、子どもが1人だけで参加する条件では同様の回答は10％、傍観者無効条件では0％でした。

この実験で求められた手助けとは、実験者にペーパータオルを手渡すという極めて単純な内容であったことを考慮すると、実験者を助ける方法を知らなかったと答えた子どもは、研究者や自分自身に対して、自らの不作為を言い訳しようとした可能性が高いです。したがって、おそらく5歳児であったとしても、自分は手助けをするべきだったことを理解しており、自らの行動を正当化する方法を見つけるのに苦労したようだと考察できるのです。

この研究を実施したプレトナーは「本研究に参加した幼児は、責任の所在が自分にあることが明確な場合のときだけ、非常に高い水準で手助けを行いました」と述べており、さらに「この知見は、これくらいの年齢の子どもたちが、手助けを行うかどうかを決めるときに責任を考慮することを示唆しています」と語っています。[10] しかし、自分以外に援助を提供できる人がいる場合に、5歳児は他の人がサポートするまでじっと待つことを厭いませんでした。この研究は、責任を感じているときに限り、幼児は自然に手助けを行うことを明らかにしています。

複数人の子どもをお持ちの親御さんはご存知かもしれませんが、子どもは、他に助っ人候補がいるときは責任をしばしば感じなくなります。一方、周りに他の子どもがいないときは、たくさんお手伝いをしてくれます。結局のところ、「弟にもできるのに、どうして私が割れたガラスの後片付けをしなければいけないの？」ということなのでしょう。

社会的手抜きの危険性

集団的状況にいると行動できなくなるという現象には、「自分が行動してもしなくても、それがばれることはない」と信じているときに、自分の労力を減らそうとする傾向が関係しています。このように、自分の労力と他者の労力が結びついたときに、自分の労力の寄与を最小化しようとする傾向は「社会的手抜き（social loafing）」として知られています。[11]

社会的手抜きは、教室から職場、そして政治に至るまで、さまざまな場面で認められます。なぜ多くの大学生がグループ・プロジェクトを嫌うのでしょうか？　それは、他の学生がサボっているのにすべての仕事を押し付けられて、グループ・プロジェクトの単位を落とす羽目になることを恐れるからです。なぜレストランでは6人以上の団体客にサービス料を課すことが多いのでしょうか？　大人数のパーティーの場合に各自の裁量に任せると、お客が支払うチップが減少する傾向があります。それは、自分がチップをたくさん支払って貢献したところで気づかれないだろうし、他の人がもっとチップを支払うだろうと思うからです。[12] 言い換えれば、人々が社会的に怠ける理由の一端には、「集団の中に隠れることができれば、自分の労力不足がばれることはない」と信じていることが関係します。

社会的手抜きは、特に、自分の貢献がはっきりしない、あるいは測定できないときに発生する傾向があります。例えば、パデュー大学の研究者は、大学生の水泳リレーチームの選手では、リレーの合計タイムだけが発表されたときよりも、個人タイムが発表されたときにスピードがアップしたことを報告しています。[13] 同様に、拍手や歓声を「できるだけ大きく」送るように言われたときは、集団になると労力を減らしてもばれることはないため、一人のときよりも大幅に労力を減らすという結果が得られています。[14] このような労力の削減傾向は、物理的な課題に限った話ではありません。例えば、シンプルに集団の中にいることを想像した人は、誰か一人だけと一緒にいることを想像した人と比べて、その後に慈善団体に寄付する金額が減ったという研究があります。[15] 社会的手抜きは、たとえ強い政治的見解を持っていたとしても、投票に行く人が少ない理由についても説明できます。

これまでに列挙した例は取るに足らないものかもしれません。しかし、他の人が遅れを取り戻してくれるだろうと考える傾向は、仕事の場面でも重大な結果をもたらす可能性があります。ベルリン工科大学の研究者は、実験参加者が化学工場の自動化システムが適切に作動しているのかを監視してチェックする研究を行いました。[16] 同じ機械を複数人で監視すると問題を発見できる確率が高まると思われがちです。本当に、人手が増えればよくなるのでしょうか？　しかし、複数人で同じ課題を担ったほうが良い結果が得られるというこの考えは、「人間は集団作業になると労力を減らす傾向がある」という社会的手抜きに関する基本的な研究結果を無視しています。

実際、化学工場の研究結果は、この人間の基本的な傾向が真実であることを裏付けました。パートナーと一緒に作業した人は、１人で作業した人と比べて、チェックの回数が著しく少なく、不具合を発見する回数も減りました。１人で作業した人は、不具合のほぼ90%を見つけ出すことができました。一方、パートナーと一緒に作業した人は、約66%しか検出できませんでした。つまり、２人組の成績は単独で作業した人よりも有意に悪かったのです。

では、なぜ人は集団になると労力を減らすのでしょう？　ひとつの可能性は、自分の労力の削減を正当化しているからです。パーティーを例にすると、他の人がもっと高い料理を頼んだから、あるいはもっとお金持ちの人がいたから、自分が支払うチップは少なくても構わないと合理化しているのかもしれません。もうひとつの可能性は、集団の中にいると、人は結果に対する自分のコントロール感を弱く認知するため、このコントロール感の欠如が労力の削減を生むというものです。

このアイデアを検証するために、ユニバーシティ・カレッジ・ロンドンの研究者は、1人、あるいはパートナーと一緒に、少々リスクを伴う実験を行いました。[17] 実験参加者は、実験終了時にお金に交換できる点数を一定数もらって実験をスタートしました。実験参加者は、「あなたの仕事は、ビー玉が傾いたバーから床に転げ落ちるのを止めることです」と伝えられ、実験参加者はいつでもボタンを押してビー玉を止めることができました（これはすべてコンピューターを使ってバーチャルで行われました）。この実験では、ビー玉が遠くに行くほど減点は少なくなり、ビー玉が床に落下したときはたくさん減点されました。実験参加者が、パートナー（実際にはあらかじめプログラムされたコンピューター）と対戦するときは、実験参加者がビー玉を止めると実験参加者が失点して、パートナーは失点しません。一方、パートナーがビー玉を止めるとパートナーが減点されて、実験参加者は減点されないという内容でした。

この研究では、実験参加者が1人でプレイするのか、それともパートナーと一緒にプレイするのかによって異なる判断を行うことを意図していました。1人でプレイする実験参加者は自分がどの程度のリスクを許容するのかを決めるだけですが、パートナーとプレイする人はパートナーがどの程度のリスクを許容するかについても考慮しなければいけませんでした。

研究者は、実験参加者がいつビー玉を止めたのか、実験参加者が結果をどの程度コントロールできたと感じたのか、そして実験参加者の脳がどのように反応したのかという3つの側面を評価しました。彼らは、脳波の一種である事象関連電位を測定するために脳波計を使用しました。研究者が関心を持った特定の事象関連電位成分は、フィードバック関連陰性電位と呼ばれるものでした。フィードバック関連陰性電位の反応の大きさは、人が自分の行動をどれだけコントロールできていると感じているかを示すと考えられています。分析の結果、フィードバック関連陰性電位の反応は、1人で課題を行っていたときよりも、グループで課題を行っていたときに小さいことがわかりました。これはおそらく、他者と一緒に課題を行っているときは、結果に対するコントロールが弱く感じられることを示しています[18]。他者が課題に関与すればするほど、フィードバック関連陰性電位の反応は小さくなります。

先ほどのビー玉研究では、各試行で何点失ったのか知り、自分の選んだ結果に直面したときのフィードバック関連陰性電位を測定しました。その結果を分析したところ、1人でプレイしたときよりも、パートナーとプレイしたときのほうが、ビー玉を止める平均的なタイミングがやや遅いことがわかりました。これは道理にかないます。パートナーがビー玉を止めても実験参加者は失点しないため、実験参加者は、パートナーが先に行動するのかどうかをギリギリまで待つことを厭わなかったのです。

一方、パートナーと一緒にプレイした人は、結果に対するコントロールの感覚が著しく乏しかったことを報告しました。この結果も道理にかないます。1人でプレイした人はビー玉が止まるタイミングを完全にコントロールできるのに対し、パートナーとプレイした人は、パートナーがビー玉をいつ止めるのかも考えなければいけないからです。

神経活動の分析から、他人と一緒に作業することがコントロール感を低下させるという更なる証拠が得られました。過去研究と同じく、フィードバック関連陰性電位の反応は、1人のときよりも、パートナーと一緒にプレイしたときに弱くなりました。この実験条件では、多くの現実の傍観者の状況と同様に、実験参加者はいつでも行動できる選択肢を持っていたにもかかわらず、パートナーと一緒にプレイしたときは、コントロールしにくいという感覚を得ていました。

この研究は、責任の分散に関する過去研究を重要な点で拡張しています。この研究結果は、パートナーと一緒に働く人は、自分の行動の結果を異なる方法で処理して経験する傾向があることを示しているのです。この知見は、行為主体感の自己評価という主観的指標と、客観的な脳波データの双方の結果から得られました。つまり私たちは、1人で課題に取り組むときよりも、他の人と一緒に作業するときのほうが、結果に対する責任を感じにくくなります。

どうやら私たちは、他の人と一緒に仕事をするときにコントロールの感覚が薄れてしまい、「何かをしなければならない」という切迫感が減ることが考えられるのです。

傍観者効果を克服する

ここまで、集団の中にいると行動しなくなる（特に周囲の人が何もしていない場合）という性向を理解する一助になる過去研究を紹介してきました。しかし、不作為は避けられないものではありません。私たちは、この不作為を克服できる場合があります。その関係要因を知ることで、他の人が行動しようとせず、立ち上がることが非常に難しい場合であったとしても、私たちが一歩踏み出す可能性を高めることができます。

公的自己意識が大切

私たちの多くは、集団の中にいると社会的手抜きをする人物になりますが、自分が監視されていることを知っているときは、手を抜く可能性が減ります。私たちは皆、自分のことを道徳的に正しいことをする善人だと思い込みたいのです。他の人が自分の行動を評価していることを知っているときは、自分を善人だと思わせたい欲求が強まります。アムステルダム大学のマルコ・ファン・ボメルの研究は、私たちの公的自己意識（public self-awareness）（訳注：他人から自分がどう見られているのかに関する意識のこと）を高める小さなきっかけがあれば、集団的状況で労力を減らそうとする傾向は弱められることを明らかにしています。公的自己意識を高める方法はいくつかあります。

ある実験では、研究者はオンライン・チャットルームを用意して、実験参加者にオンラインコミュニケーションの研究をしていると伝えました。[19] 実験参加者の学生はチャットルームにログインして、そこにいた他の人が投稿したと思われる苦痛を表現したメッセージを見ました。それは自殺願望や拒食症について、あるいはパートナーが癌になった人からのメッセージでした。実験参加者は、これらのメッセージに何らかの形で感情的なサポートをすることができましたが、それをするかしないかはすべて実験参加者の自由であると伝えられました。

この研究の第1バージョンでは、それぞれの人が自分の名前とチャットルームにいた他のメンバーの名前をスクリーン上で確認することができました。名前はすべて黒で表示されました。30人がチャットルームにログインしている場合もあれば、実験参加者1人しかログインしていない場合もありました。責任の分散に関する過去研究が予測する通り、実験参加者は、自分だけのときよりも、大勢がログインしているときにメッセージに返信しにくくなることがわかりました。

研究の第2バージョンでは、研究者は意図的に公的自己意識を高める操作を行いました。それは、実験参加者の名前を赤、他の人の名前を黒で表示するという操作でした。このシンプルな変更は、典型的な実験結果の逆転を生みました。実験参加者は、突如として、自分だけのときよりも、大勢がログインしているときに返信するようになったのです。

名前の表示の仕方を変更するという一見すると小さな変化が、なぜこれほどの違いを生んだのでしょう？　私たちは基本的に、集団にいる他の人に自分の正体が知られることを強く意識しており、困っている人を見捨てる嫌なやつだ、とはみなされたくないのです。集団的状況で労力の貢献を減らす心理的要因があったとしても、グループ・プロジェクトで全部の仕事をこなしたり、他人が払うチップを自分が埋め合わせたりするというように、そう行動しないと印象が悪くなることを思い起こさせる心理的要因があれば、人々はもっとたくさん親切を行うようになります。

研究者は、公的自己意識を強調するさまざまな方法で実験を繰り返しました。あるときは、半数の実験参加者に、ウェブカメラの表示灯がオンになっていることを確認するようにと実験開始時に伝えました。別の半数の実験参加者には、ウェブカメラについて何も教示しませんでした。ウェブカメラのことを知らされていなかった実験参加者は、チャットルームの人数が多くなるほど、メッセージに返信しにくくなりました。一方、最初にカメラを確認することで公的自己意識を高められた実験参加者は、チャットルームの人数が増えると、メッセージにたくさん返信することが示されました。

この研究は、どうして傍観者効果が起こるのか、そしてその影響を克服するために私たちに何ができるのかについて貴重な情報を提供します。大きな集団の中にいるとき、私たちはしばしば群衆の中に隠れることができると感じます。誰も自分の不作為に気づかないのですから、自らの労力を増やす必要はありません。しかし、他人が、自分が行動したことや行動しなかったことに気づくと意識し始めると、私たちは良い印象を与えたいがために積極的に行動するようになります。実際に、人は緊急事態の際、少人数のときよりも、大勢の友人といたときに救助しようとします。[20] それはなぜでしょうか？ おそらく、友人の前では良い恰好をしたい、という単純な理由からです。

したがって、群衆の中にいるからといって、私たちが手助けをしないとは限りません。手助けをしなくなるのは、集団が私たちに「匿名」という隠れ蓑を与えてくれるときだけです。私たちは、自分の社会的な評価を気にします。そのため、集団の人たちが自分の正体を知っているときは、小さな集団よりも大きな集団にいたときほうが救助を行いやすくなるのかもしれません。

この洞察は、友人や同僚に囲まれて過ごす傾向がある大学キャンパスや職場での集団行動を考える上で特に有用です。学生や同僚では、少なくとも手助けがグループのメンバーの邪魔にならない場合は、集団的な行動を起こそうとして自分自身を動機づけられることを明らかにしているからです（このことについては第5章で説明します）。

責任が大切

社会的手抜きに影響するもうひとつの要因は、自らの労力が変化を生むことを信じるのかどうかです。[21] もしあなたが行動すれば、それは大きな結果を生むでしょうか？ 自分が他の人と比べて上手にできると信じている困難な仕事を頼まれた人は、たとえ個人的な成果が評価されない場合であったとしても、一般的に労力を惜しむことはありません。この場合、そのような人々は、集団の成功に自分が特別で重要な貢献を果たすことができたと感じます。研究者は、緊急事態では、大人がいたときよりも、救助能力が低いと思われる幼児がいたときのほうが、人々は迅速に救助しようとすることを明らかにしています。[22] これは、救助を行う人が子どものことを知らない場合や、良い手本を示すことに関心がないときでも同様です。

これらの結果は、専門的なトレーニングを受けた人々がどうして緊急時に立ち上がって救助を行えるのかを説明する際に役に立ちます。専門的なトレーニングを受けた人は、責任の分散という通常の感覚に屈することはありません。実際、医師や看護師、兵士や消防士など、何らかの専門的なスキルを所持している人たちは、行動する責任を強く感じており、いつも行動しています。

ある研究では、看護課程と一般教養課程から学生を募って簡単なアンケートに回答してもらいました。[23] 半数の学生は1人きりの部屋で、他の半数の学生はもう1人の学生（実は研究協力者）と一緒の部屋でアンケートに記入しました。学生が作業を行っているときに、部屋の外で男性が梯子から転落する音と痛みによる悲鳴が聞こえてきました。

研究の結果、一般教養課程の学生では、他の学生と一緒のときよりも、1人きりで部屋にいたときのほうが救助しようとする傾向が強いことがわかりました。これは、集団的状況における責任の分散に関する過去研究が予測する通りです。しかし、看護学生では、1人であろうとなかろうと結果は同じでした。これは、時にはそういうこともあるかもしれませんが、看護学生が他の学生よりも良い人たちだという意味ではありません。この結果は、彼らが何をすべきかを知っており、それによって行動することに大きな責任を感じていたという事実を反映しているのです。

人は、特別なスキルの所持以外に、権威ある立場に就いた場合でも責任を強く感じるようになります。ある心理学の研究によれば、無作為にグループリーダーを割り当てられた研究参加者は、リーダー的な役割を割り当てられなかった研究参加者よりも、窒息している人を救助しようとする傾向が強いことがわかりました。[24] 無作為にリーダーの役割を割り当てたことが、集団的状況での責任の分散の発生を減らしたと考えられます。

専門的な知識がある人が権威を有していないときもあります。そんな場合でも、専門的な知識がある人が指揮を執るときがあります。私が大学４年生の頃、ビルの４階の教室に座っていると、突然、教室が前後に揺れ始めました。１９８９年に起きたロマ・プリエタ地震が北カリフォルニアを襲ったのです。教室の学生は全員、権威者である教授の方を向いて、どうすればよいのか、指示を求めました。

女性の教授の反応は、私たち学生が予想していないものでした。彼女はテーブルの端を掴んで「私はニューヨーク出身なの！」と叫んだのです。この発言は、何をすればよいのか、彼女には見当がつかないことを明確に示していました。

次に別の学生が「僕はカリフォルニア出身です！」と叫び、この緊急事態における自身への信頼を確立しました。それから、彼は「テーブルの下に隠れて」と指示したのです。

人間関係が大切

２０１９年１月、13歳のアフリカ系米国人のアイスホッケー選手であるディヴァイン・アポロンがメリーランド州で開催された大会に出場したときに、相手チームのメンバーたちが人種差別的な言葉を叫び始めました。猿の鳴きまねをする者もいれば、氷から降りてバスケットボールをしろよと彼に言う者もいました。少なくとも、１人はＮワード（訳注：公の場での使用がはばかられている、黒人に対する差別表現であるniggerなどを暗喩するＮから始まる英語表現の総称）を使いました。それにもかかわらず、その場にいたコーチ、審判、スタンドにいた親など、大人たちは誰も介入しませんでした。ところが、ディヴァインのチームメイトは介入しました。第3ピリオドが終わると、彼らは相手チームの選手を怒鳴り始め、喧嘩が起こりました。ディヴァインのチームメイトは全員白人で、個人的に人種差別的な中傷や嘲りを受けていたわけではありませんでしたが、氷上で彼を擁護しました。チームとしてのつながりの感覚が傍観者効果を打ち消したのです。

助けを求める人とつながりを感じることは、沈黙しようとする人間の生来の性向を克服する上で役立つのでしょうか？「自己カテゴリー化理論（self-categorization theory）」として知られる考え方によれば、私たちの自己アイデンティティは、性別、人種、国籍、所属する学校、スポーツチーム、仕事の内容など、自分の集団アイデンティティと結びついています。[25] アイデンティティを共有する感覚は、普段ならば尻込みするような集団的状況の場合でも、援助を行いやすくさせます。私たちは、同一集団のメンバーとの結びつきを強く感じる傾向があるため、行動しないのは悪いことだと感じます。そのため、私たちは自分の集団の誰かが助けを求めたときに立ち上がることができるのです。

マーク・レヴィンとその研究グループは、同じスポーツチームを応援する親近感という、とても単純なアイデンティティの場合でも、他の人に助けの手を差し伸べる意欲を高める効果があることを明らかにしました。[26] ある実験では、研究者はサッカーチームのマンチェスター・ユナイテッドのファン（全員男性）を募集して、スポーツイベント中の集団行動を研究していると説明を行いました。実験参加者は、チームへの応援に関する簡単なアンケートに回答した後、別の建物に行ってビデオを見るように、と指示を受けました。

実験参加者が外に出てその建物に向かう途中、緊急事態が発生しました。それは、芝生で滑って転んだ男性が、自分の足首を掴んで痛いと泣き叫ぶというできごとでした。男性の衣装は、マンチェスター・ユナイテッドのジャージ、ライバルチームであるリヴァプールのジャージ、チーム名がわからない無地のシャツの3条件が用意されました。実験参加者はどの条件の人を助ける可能性が高いのか、皆さん、おわかりでしょうか？

マンチェスター・ユナイテッドのファンは、芝生で転んだ人が自分のチームのジャージを着ていたときに救助する傾向が非常に高くなりました。実に90％以上の実験参加者がマンチェスター・ユナイテッドのジャージを着ていた負傷者を助けようとして立ち止まりました。一方、リヴァプールのジャージを着ていた人を救助した実験参加者は30％、無地のシャツを着ていた人を救助した実験参加者は33％にとどまりました。この研究の同一著者による別の研究からは、同じ大学に通っている、あるいは特定のチームを応援しているといった表面的なアイデンティティを共有した場合でも、援助行動に大きな違いが生まれるという結果が報告されています。[27]

アイデンティティを共有する感覚には、暴力的な状況に巻き込まれて、それに関与すればコストが大幅に増える場合でも、その状況への介入を促す効果さえあります。危険な状況下での行動を実験的に調べるための唯一の現実的手段である、没入型バーチャル環境を使用した研究によれば、実験参加者が暴力事件を止めようとして介入する傾向は、被害者が自分の応援するチームのファンだった場合に、そうではなかったときと比べて高くなるという結果が得られています。[28]

つまり、助けを求める人との間に何らかの関係性を感じる場合、私たちは、集団的状況では不作為に向かいがちになる人間の生来の性向を克服しやすくなります。この知見は、年少のホッケー選手たちが、チームメイトへの人種差別的な攻撃に沈黙せずに反応した理由を説明する一助になります。彼らはアイデンティティを共有していたため、何かをしなければならないと感じたのです（彼らの行動は、その後、スポーツ界における人種差別と闘う地域運動を始めることにまで発展しました）。

この知見は、キティ・ジェノヴィーズの死の真相を説明する上でも有用です。当時の新聞報道では、目撃者は何十人もいましたが、その全員が何もしなかったと説明されました。ところが、その後の研究によって、少なくとも2人が警察に通報して、1人の女性はそれ以上のことをしていたことが判明しています。キティの友人だったソフィー・ファーラーは、キティが襲われたという知らせを隣人から受け取ると、即座に警察に通報して、真夜中で、自分の命が危険にさらされる可能性があったにもかかわらず、キティのもとに駆けつけました。[29]救急車が到着したとき、ソフィーはキティを抱きしめていました。

ソフィー・ファーラーは、自分の命を心配していたかもしれません。しかし、キティが助けを必要としていたことに間違いありませんでした。その一方で、緊急事態なのかどうか、白黒はっきりしないケースでは、介入するかどうかの判断が難しくなります。次章で説明しますが、行動することが特に難しくなるのは、何が起きているのか、それがよくわからない状況のときです。

第3章 曖昧さの危険性

1993年2月、英国のリヴァプールにあるショッピングモールで、2人の10歳の少年がジェイミー・バルガーという幼児（訳注：2歳）を誘拐しました（訳注：ジェームス・バルガー誘拐殺人事件）。3人は一緒に約4キロメートルを歩きました。ジェイミーの額にはたんこぶができていて、ずっと泣いていました。彼らは36人にものぼる人に目撃されていたものの、ほとんどの人は何もしませんでした。そのうちの2人が誘拐犯の少年に近づきましたが、少年はジェイミーは自分たちの弟だとか、道に迷って警察署に連れて行くところだと言いました。警察に通報した人はいませんでした。

誘拐犯の少年たちは、ジェイミーを線路脇の人里離れた場所に連れて行き、殴り殺しました。遺体は2日後に発見されました。

ジェイミー・バルガーの悲劇的な物語は、私たちの誰もが人生のどこかで直面する基本的な課題を示しています。何かが変だと気づくことができたとしても、私たちは、何が起きているのか、正確にはわからない場合があります。例えば、オフィスでのあの発言は無害なジョークなのでしょうか、それとも人種差別的で攻撃的な発言なのでしょうか？ ぴしゃりと叩いたあの行為は些細な喧嘩なのでしょうか、それとも深刻な家庭内暴力なのでしょうか？ プールで水しぶきを上げているあの人は本当に困っているのでしょうか、それともただふざけているだけなのでしょうか？ このような曖昧な場面では、人は行動することが難しくなります。

本章では、特に集団の中にいると人がしばしば行動を起こさなくなること、時には悲劇的な結果がもたらされることを説明します。それは、何が起きているのかが正確にはわからないという不確実性と、状況を解釈するために他の人の行動に頼ろうとする傾向が一体化したときに発生します。さらに、このような不作為が脳の活性化のパターンで検出できることを示唆する神経科学の最近の展開についても説明します。

曖昧さが不作為を生む

大学時代のある夏、私はアトランタのダウンタウンで仕事をしていました。夜になってルームメイトと私が家に帰っていると、アパートの前の階段で男性が倒れていることに気づきました。私たちは当然のように彼の安否を気遣って救急に連絡しました。数分後に救急車が到着して、運転手と救急隊員が男性のところに向かったのですが、2人はそこで笑い始めました。どうやら、倒れていた男性は地元では有名な酔っ払いで、長い晩酌を終えてそこで寝ていただけだったのです。私たちがどのように感じたと思いますか？　それは、恥ずかしい、愚か、世間知らずという気持ちでした。

この体験は、曖昧な状況では一歩踏み出すことが心理的に難しいことを物語っています。正しいことをしようとする私たちの試みは、何が起きているのかを理解できないときに難しくなります。私たちは、他人から「馬鹿だ」「過敏になりすぎている」などと判断されるのではないかと不安になって、行動をしばしば抑制します。心理学者は、これを「評価懸念（evaluation apprehension）」と呼んでいます。集団が大きくなると、悪い印象を与えることへの懸念が強まる傾向があります。何しろ、自分の恥ずかしい行動を目撃する人が増える訳ですから。この状態は「聴衆抑制（audience inhibition）」として知られています。

あなたは、公共の場で大声で言い争いをしているカップルを見かけたとします。それは取っ組み合いの喧嘩に発展しそうです。あなたは「何かしなければ」と思うかもしれませんし、個人的な口論に巻き込まれるべきではない、とも考えるかもしれません。ペンシルベニア州立大学のR・ランス・ショットランドとマーグレット・K・ストローが行った研究は、まさにこのダイナミズムを実証しました。[1]この研究では、実験参加者が待合室でアンケートに回答を始めたときに、男女のカップル（実際は同大学演劇学部の俳優たち）の喧嘩を演出しました。はじめに、閉ざされたドアの向こう側で言い争う大声が聞こえてきます。男性が、女性が拾ったお金（1ドル）は自分が落としたものだと主張し、非難する内容でした。次に、2人が部屋に入ってくると、男性は女性を激しく揺さぶり始めました。女性はもがき苦しみ「私から離れてよ！」と叫びました。ある条件では、女性は、その言葉に「私はあなたのことを知りません」と続けることにし、別の条件では「どうしてあなたと結婚したのか、わからないわ」と続けました。研究者は、男女のカップルがもみ合いを45秒間続けてから登場することにして、その時点で実験参加者がまだ介入していないときは喧嘩を仲裁しました。研究者は、警察を呼ぶ、男性に「やめろ！」と怒鳴る、身体的に直接介入するなどの実験参加者のあらゆる行動を測定しました。

この研究では、実験参加者は常にその場に1人だけで居合わせました。そのため、助ける責任が誰にあるのかに疑問の余地はありませんでした。ところが、介入率はカップルの関係によって大きく異なっていました。見知らぬ人同士だと思った場合には、65％の実験参加者が積極的に介入しました。一方、夫婦喧嘩を目撃していると思った場合は19％しか介入しようとしませんでした。

この違いはどうして生まれるのでしょう？　多くの人にとって、見知らぬ人同士の暴力的な争いの仲裁は、正しいことのように思われます。ところが、家庭内紛争への介入には、すべての当事者にとって居心地が悪く、恥ずかしい思いをする可能性があります。

他の人からどう見られるのかという心配は、子どもにも認められます。心理学者アービン・ストウブの研究によれば、この効果は年齢によっても異なることが示唆されています。実験参加者の子どもが他の子どもの苦しんでいる声を聞いた研究では、幼児(幼稚園児から小学2年生)は1人でいるときよりも、他の子どもと一緒にいるときのほうが苦しんでいる子どもを助ける傾向が強いことがわかりました。[2] しかし、年長児(小学4年生と6年生)になるとその効果は逆転し、1人のときよりも、仲間と一緒にいるときのほうが、苦しんでいる子どもを助ける可能性が低くなりました。ストウブは、年少の子どもは仲間と一緒のほうが安心して行動できるのに対し、年長の子どもは仲間から批判されることを懸念して、過剰反応で恥をかくことを恐れているのだろうと考察しています。ストウブは「年長の子どもたちは、年少の子どもたちよりも苦しんでいる声についてあまり話さず、それに対してあまり率直に反応していないように見えました」と述べています。つまり、年長児は仲間の前でわざとポーカーフェイスを装っていたのです。

社会心理学者は、「人は批判を恐れなくてもよいときに進んで何かをする」という事実から生まれるひとつの結果を見つけました。それは、曖昧な状況よりも明確な緊急事態のときに、人は行動を起こす可能性がずっと高くなるという知見です。[3] ある研究では、実験参加者が別室の大きな衝突音を聞くという曖昧なできごと条件と、大きな衝突音に続いて苦痛のうめき声が聞こえるという明確な緊急事態条件を設定しました。[4] 一人のときか、集団のときかには関係なく、衝突音とうめき声を聞いた実験参加者全員が救助しようとしました。しかし、衝突音だけを聞いた実験参加者は、集団のときよりも一人のときに救助しようとする可能性が高いことがわかりました。

これらの結果は、一見すると不可解にも思える現実世界の知見への洞察を与えます。私たちがよく聞く話とは正反対ですが、ある種の緊急事態の場合は、人々は必ず立ち上がって救助しようとするのです。第2章では、集団の中にいる人が救助を行う傾向がある状況（例えば、責任を強く感じている場合）をいくつかご紹介しましたが、もうひとつの状況とは、実際に明確な緊急事態が発生した場合です。

2005年7月7日の朝のラッシュアワーに、ロンドンの交通機関で自爆テロが連続発生し、52人が死亡、数百人が負傷した事件がありました（訳注：ロンドン同時爆破事件）。これは、被害者を救助しようとする人自身が負傷する危険性がある明らかな緊急事態でしたが、目撃者の証言の中には、応急手当をしたり、見知らぬ人を慰めたりした人の姿が繰り返し描かれています。[5] ある生存者は、地下鉄の駅での体験を次のように語っています。「この男性たちが私を駅のホームに上げるのを手助けしてくれました。それから、こちらの女性が来てくれて、大丈夫ですか、と聞いてくれて、一緒にホームを歩きながら私の手を握ってくれました。そして、私はエレベーターで地下鉄の駅まで上がって、ずっとずっと座っていました。そうすると、本当に親切な女性がそばにやってきて、一緒に座って私にコートをかけてくれて、面倒を見てくれたんです[6]」

2013年のボストンマラソン襲撃事件、2013年のナイロビの商業施設ウェストゲートでの銃乱射事件（訳注：ケニアショッピングモール襲撃事件）、そして2017年のバルセロナテロ攻撃事件の後にも、見知らぬ人同士で自然発生的にサポートの手が差し伸べられたという同様の証言があります。

見知らぬ人を助けようとして自分の命を危険にさらす事例と、不作為に向かおうとする生来の性向との間に存在する矛盾は、一体何が原因なのでしょう？ 爆弾が爆発したり、銃乱射事件が起きたりした場合、その状況が緊急事態なのかという即座の問いにははっきりと答えることができます。そこに曖昧さはありません。つまり、過剰反応しても、馬鹿にされたり恥ずかしい思いをしたりする恐れが格段に減ります。実際、潜在的な危険性が高い状況では、人は一人であろうと集団の中にいようと、同じように救助を行う可能性が高いことが実証的な研究によって示されています[7]。

最近の異文化研究の結果からは、次のような助け合いの事例が報告されています。この研究グループは、オランダのアムステルダム、英国のランカスター、南アフリカのケープタウンの３都市で、口論や暴行を含む２１９件の公共の場での喧嘩を撮影した監視カメラの映像を調べました。[8] 彼らは、それぞれの喧嘩の動画を見直して、目撃者の行動をチェックしました。その結果、91％のケースで、少なくとも１人が加害者に落ち着くようにジェスチャーで促したり、加害者を物理的にブロックしたり引き離したり、被害者を慰めたり助け舟を出すなど、何らかの形で介入していました（３都市間の介入率には統計的に有意な差はありませんでした）。また、その場に居合わせた人の数が増えると、被害者が助けを得られる可能性が高くなることがわかりました。つまり、このような緊急事態の場合では、全員ではありませんでしたが、何人かの人々が手助けしようとして立ち上がっていたのです。

心理学、社会学、人類学、犯罪学などを専門とする研究者は、傍観者効果など存在しないことを証明したと胸を張りました。彼らは、集団状況における傍観者の無関心という心理学会の定説は、精査に耐えるものではないことを示唆したのです。しかし、この研究では、公衆の面前で喧嘩を止めるために介入するという非常に特殊な行動を調べたことを忘れてはいけません。これまで見てきたように、緊急事態はより多くの援助行動を要する傾向があります。また、メタ分析（訳注：複数の研究結果を統合する分析手法のこと）の結果は、社会的なリスクよりもむしろ身体的なリスクが高い危険な状況を含む場面で、傍観者が行動を起こす傾向があることを確認しています。[9]

残念ながら、多くの状況は、行動を促す明確性を欠いています。酩酊した女子学生は自分から進んで男子寮に入ろうとしているのでしょうか、それとも性的暴行の可能性があるのでしょうか？　あの親は子どもを適切にしつけているのでしょうか、それとも虐待しているのでしょうか？　同様に、特定のジョークや発言が攻撃的かどうかを確実に判断するのは困難です。不適切な発言は、表面的にはポジティブに聞こえるかもしれません。例えば「アジア人はもともと数学が得意だ」とか「その服は脚がきれいに見えるね」などです。[10]発言を問題だとは思っていても、反応に値するほどの有害性があるのかについて悩むことはよくあります。職場や学校、公共の場で攻撃的な発言を耳にした人は、どう反応すればよいのかわからずに沈黙する場合が多いのです。

ポーカーフェイスの危険性

私たちは、曖昧な状況に直面したときに、何が起きているのかを把握するために他人の行動を確かめようとします。他の人の行動が、彼らが何を考えているのか、何を感じているのかの情報を与えてくれることを期待し、それを自らの反応の指針にします。しかし、ここに問題があります。誰もが他人に指針を求めるのであれば、そこで何が起きているのか、実際には誰にもわからないかもしれません。

1968年にニューヨーク大学のジョン・ダーリーとコロンビア大学のビブ・ラタネが行ったある有名な研究では、他者の反応が自分の解釈にどのような影響を与えるかを調べました。実験参加者の学生は研究室に集められて、簡単なアンケートに答えました。[11] ある学生は1人きりの部屋で、別の学生は他の2人（これから起こる緊急事態に一切反応しないように言われていた実験協力者）と一緒の部屋でアンケートに答えるように指示されました。学生がアンケートに答え始めてから数分後、その部屋に煙が充満し始めました。研究者は、この明白な緊急事態に直面したときに、実験参加者がどのような行動をとるのか興味がありました。

ダーリーとラタネは、部屋に1人でいた実験参加者の75％が煙の発生源を調べるために立ち上がったこと、その後、実験者に報告するために部屋を出たことを明らかにしました。

しかし、実験参加者が1人ではなかった条件になると、その後の6分間（この時点で研究者は実験を打ち切りました）で立ち上がった学生は10％しかいませんでした。煙はわずかなものではありません。6分間の実験が終わるころには、煙は非常に濃くなっており、学生はアンケートを読むために、常に煙を顔から振り払わなければいけないほどでした。それでも彼らは部屋でアンケートへの回答を続けました。一体なぜでしょう？

立ち上がらなかった学生に、煙に気づいたのかを尋ねたところ、全員が気づいていたことをあっさりと認めました。そして、そのことにさまざまな説明を行いました。ある学生は「空調」、もう1人の学生は「蒸気」、別の2人の学生は「本物のガス」と思ったと答えました。ただし、実験参加者は、同じ部屋にいた他の人たちの反応がなかったため、この煙は深刻なものではないと解釈していました。

この研究は、社会心理学の古典的な原則を確立しました。それは、「人間は、1人でいるときは状況をすぐに緊急事態であると認識して適切な行動をとるけれども、無反応の人々の中にいるときはそのような行動をとらなくなる」という原則です。つまり、無反応者の集団の中にいると、ほとんどの人は何もしなくなるのです。

逆に、ある状況に1人が反応すると、他の人もその反応に続く可能性が高くなります。ある研究では、実験参加者の男子学生に1人きりの部屋でアンケートに回答してもらいましたが、ガラスの仕切り越しの隣の部屋にもう1人の人物（実際には実験協力者）がいることがわかる状況で実験を行いました。[12] 実験参加者がアンケートに答えている間に、女性の叫び声と物が落下する音が聞こえてきました。その結果、実験参加者は、実験協力者が全く反応しないときよりも、興奮したり心配したりしているように見えたときに、立ち上がって何が起きているのかを確かめようとする傾向がずっと強いことがわかりました。アービン・ストウブは、同様の研究で、実験協力者が当初は曖昧な音を緊急事態だと認定して、助けを呼びに行くように実験参加者に伝えたところ、すべての実験参加者が助けを呼びに行ったことを報告しています。[13]

どちらの研究も、曖昧な場面では、何が起きているのかを評価して自分の反応を決定する際に、周囲の人々の反応に頼っていることの証拠を提示しています。

集団の中の人が自分の行動を決定する際に互いの行動を参考にしているという事実は、曖昧な状況になると人は何も行動できなくなる、という傾向を促します。誰もが隣の人を確認してどうすべきかを判断して、過剰反応する（そして愚かで恥ずかしい思いをする）人間だと思われたくないのであれば、困っている人はまったく助けを得られないかもしれません。つまり、集団のメンバー全員が、「他の人が反応していないのだから、これは緊急事態ではない」と思い込んでしまう可能性があるのです。言い換えれば、不作為が不作為を生みます。それぞれの人が、内心では緊急事態が起きていると思っていたとしても、公の場では何の関心も示さないからです。

このように、集団の大多数が内心では否定している信念を、「集団の大多数は受け入れている」と誤って思い込んでいる状態は「多元的無知（pluralistic ignorance）（訳注：集合的無知、集団的無知とも呼称）」として知られています。多元的無知は、例えば、火災報知器が鳴っても誰も反応していなければ人は行動しないというように、生死にかかわる緊急事態に直面したときに不作為を生む原因になる場合があります。このような状態は日常生活でもよく認められます。例えば、学生や従業員が、性差別的、人種差別的、同性愛嫌悪的な発言を耳にしたときは、他の人の反応の様子を確かめてから、自分がどのように反応するべきかを判断しています。他の人が発言に困っていないように見えたのであれば、「友人や同僚がそのような言葉遣いを支持している」と、おそらく間違った推測を行うでしょう。しかし、誰もがその発言に同じように悩まされている可能性もあるのです。

多元的無知は、私たちが他人とそりが合わないと感じる理由を説明する上で有用です。あるシナリオを使った研究は、実験参加者の男子学生に、性差別的な発言にどの程度抵抗がないのか、さらに他の男子学生も同じ発言にどの程度抵抗がないと思うのかを尋ねました[14]。シナリオのひとつは「あなたと数人の男友達が大学キャンパスを歩いていると、あなたが今までに見たことがないほどの素敵な女性が通り過ぎました。あなたがその女性とすれ違った後、友達が『俺だったら、あっという間にあの子を力づくで仕留めるのに』と言いました」という内容でした。

実験参加者の大学生は、このような言葉遣いをかなり不快に感じていましたが、他の男子学生はそこまで不快には感じていないだろうと考えていたことがわかりました。男子学生を数人の友人と一緒の部屋でテストして、発言に対する（一般的な男性ではなく）友人の不快感の強さとの比較を行っても同じ結果が得られました。研究者は「お互いによく知っている男性は、相対的に見知らぬ男性よりも仲間の態度を正確に予測できるとは言えなかった」と結論しています。

よくある誤解を理解する

どうして、私たちは他の人の考えや感情を一貫して誤解してしまうのでしょうか？　その理由のひとつは、ある特定の行動が他の行動よりも目立つからです。私たちの注意は、いじめの様子を目撃して無言でぞっとしているたくさんの生徒よりも、いじめっ子が被害者をあざける姿を見て、笑い声をあげている生徒のほうに注がれる傾向があります。

ジョナソン・ハルベスレーベンは、性差別的なジョークに笑うなどの攻撃的な言動を認める反応を示した人物を目撃した実験参加者は、他の無反応者に対しても、その言動を快く思っていると信じ込むようになるのかを調べる研究を行いました。[15] 実験参加者の大学生は、一連の性差別的なジョークを読んだ後に、そのジョークについて（１）実験参加者自身はどの程度快く感じていて、どの程度面白いと思うのか、（２）実験参加者の仲間はどの程度快く感じていて、どの程度面白いと思うのかを回答しました。

ハルベスレーベンの予想通り、大学生は一貫して、自分よりも他人のほうが、性差別的なジョークを不快には思っておらず、面白いと感じていると考えていました。さらに、笑い声がぱらぱらと聞こえるような、他の人がいる部屋でジョークを評価するように求められた実験参加者では、自分と他人の評価のギャップが大きくなることがわかりました。当然ですが、何か反応することは何も反応しないことよりも人目を惹きます。したがって、笑いは沈黙よりも印象に残るのです。

私たちは、自分の場合はそうではないことを知っていたとしても、他人の行動はその人の本当の考えや感情を反映していると考える傾向があります。そのため、他の人が緊急事態であるかのように振舞っていないときは、あの人は本心から緊急事態ではないと思っているに違いない、と考えてしまうのです。

童話「裸の王様」を耳にしたことがあると思います。この物語では、2人の仕立て屋が王様に、馬鹿な人には見ることができない素敵な衣装の制作を約束します。王様がその「衣装」を着て町を練り歩くと、町の人たちは王様が裸であることに気づきますが、誰もそのことを最初に指摘して、自分が馬鹿な人間だということを裏付けようとはしません。そこに、自分のイメージには無頓着な少年が現れて「王様は裸だ！」と叫ぶという話です。

この物語は、人は自分の言動が自分の考えとは一致していないことを認識していたとしても、他の人の場合になると言動と考えが一致していると信じ込んでいる、というアイデアを見事に表現しています。学校の講義や職場でのプレゼンテーションの際に、教授や発表者から「何か質問はありますか？」と尋ねられたときのことを思い出してください。もしかすると、あなたは聞きたいことがたくさんあったかもしれません。しかし、あなたは挙手しないことを選びました。どうして挙手しなかったのかを尋ねれば、あなたは、おそらく馬鹿な質問をしていると仲間に思われたくなかったからと理由を答えることでしょう。しかし、他の人はどうして挙手しなかったのかを尋ねれば、あなたはまったく違った理由を答える可能性が高いでしょう。それは、「他の人は講義やプレゼンテーションの内容を理解していたので、何も質問しなくてよかった」という理由です。

これは、行動における多元的無知の典型的な例です。質問のとき、人は恥ずかしいから自分の手を挙げようとはしません。ところが、他の人が挙手しないのは質問がないからだと考えています。

プリンストン大学のデール・ミラーとサイモン・フレーザー大学のキャシー・マクファーランドは、この問題を調べる研究を行いました。[16] 実験参加者は、3人から8人のグループで論文を読んで、ディスカッションの準備を行うことが求められました。しかし、その論文はわざと難解に書かれていて、内容はほとんど理解不能でした。そして、実験参加者には、論文の理解に問題があるときは実験者のオフィスに来て質問するように、と伝えました。論文を読み終えた後、実験参加者は、自分が論文をどの程度理解できたのか、そして他の学生がどの程度理解できたと思うのかについてアンケートに答えました。その結果、実験者に質問した実験参加者は一人もいないこと、他の学生は自分よりも論文を理解していると考えていることがわかりました。この研究によれば、実験参加者は自分の行動については恥をかくことへの恐れが原因だと考えており、他の学生の行動については論文に対する理解度の高さを反映していると信じていた、と結論しています。

自分と他人の行動の原因に対するこのような誤解は、たとえ行動の内容が同じときでも、さまざまな場面で観察されます。私たちは、恋愛相手になるかもしれない人物に自分から関心を示すことに消極的な理由を、「拒絶されるのが怖いから」とする一方で、その相手が自分に消極的な理由を、「自分に関心がないから」と考える傾向があります。[17] 同じように、白人でも、黒人でも、自分たちの人種は他の人種ともっと交流したいと考えているけれども、他の人種はそのような関心をもっていないと考えている、という研究もあります。[18] 繰り返しになりますが、それぞれの集団のメンバーは、自らの不作為に関しては拒絶されることへの恐れが原因だと説明し、他者の不作為に関しては無関心が原因だと説明するのです（第5章では、社会集団に合わせようとして多元的無知が観察されることを説明します）。

社会的な気まずさや拒絶されることへの恐れが私たちの行動する能力を妨げる可能性があるという知見は、その抑制が弱まったときには緊急事態に対応する意欲が高まる理由を説明する上で有用です。後ほど、集団に馴染むことをあまり気にしていない人ほど、介入する傾向が強いことを示します。さらに、私たちは、そのような傾向を育てるために一体何ができるのかも検討します。ただし、今の段階では、社会的な気まずさが私たちの行動にどのような影響を与えているのかをご理解いただければ十分です。

オランダの研究者は、お酒を飲んで社会的抑制が弱くなった人ほど、手助けを申し出るスピードが早まるのかを調べる実験を計画しました。[19] それは、アムステルダムのバーで飲酒していた人たちに参加してもらう簡単な実験でした。バーの隅で実験参加への同意を得た後、研究者の1人が床にいくつかの品物を落とし、実験参加者が品物を拾うのを手伝うまでにかかった時間を測定しました。研究者と実験参加者の2人だけの条件、さらに実験協力者2名を加えた条件が用意されました。

その結果、予想していた通り、比較的酔っぱらっていない人は、1人のときと比べて、傍観者がいたときのほうが、手助けを行うまでの時間が長くかかりました。しかし、かなりの量のアルコールを摂取していた人では、1人のときよりも、集団の中にいるときのほうがより素早く手助けを行うことがわかりました。研究者は、アルコールが実験参加者の抑制を弱め、人前で手助けを行うことへの潜在的な社会的リスクに対する不安を和らげたのだろうと推測しています。

集団の中での行動に関する神経科学

傍観者効果の説明は、通常、集団的状況で緊急事態が発生したときに、人々の行動をためらわせる認知的プロセスに焦点を当てています。おそらく、私たちが救助しようとしないのは、責任を感じないから、あるいは緊急事態ではないことが判明したときに馬鹿だとは思われたくないから、もしくは他の人がその状況を緊急事態とはみなしていないように見えたからです。これらの説明にはすべて、人々の思考や感情、そして状況の性質に対する解釈が関係しています。

しかし、研究者の中には、苦しんでいる人を見かけると、その人を助けたいという自動的な欲求が生じるはずだと主張する人もいます。ステファニー・プレストンとフランス・ドゥ・ヴァールが提案した「知覚行為モデル（perception-action model）」によれば、助けを求める人を目撃すると、行動を司る脳の部位が活性化するそうです。[20] この説を支持する研究もあります。苦痛を引き起こす感情的な場面に接すると、運動皮質などの行動の準備に関係する脳の部位が活性化するのです。[21] それでは、緊急事態を目の当たりにしたときに、周囲に他人がいるだけで、このような自動的な神経反応が弱まることはあるのでしょうか？

この疑問を調べるために、オランダのティルブルク大学の認知・情動神経科学研究所のベアトリス・デ・ゲルダー所長は、緊急時にその場に居合わせた人の数が脳活動のパターンにどのような影響を与えるかを検討しました。その研究では、緊急事態の実例を描写した動画刺激を実験参加者に提示して、脳活動をｆＭＲＩ装置で測定しました。[22]

私たちは、危機が生じたときには大抵、何か別のことで忙しくしています。そこで、研究者は、3つのドットをfMRI装置の中で提示して、そのドットの色が同じなのかどうかを答える課題を行うと伝えました。そして、実験参加者には何も説明せずに、この課題中の背景動画として床に倒れこむ女性の姿を映した動画刺激を提示しました。その動画刺激には、誰も傍観者がいない条件もあれば、女性が倒れた後に1人、2人、4人がそばを通る条件もありました。

この研究は2つの重要な発見をしました。まずひとつは、緊急事態を観察する人の数が増えると、視覚的知覚と注意を処理する脳の部位（上後頭回《じょうこうとうかい》、舌状回《ぜつじょうかい》、楔部《けつぶ》、中側頭《ちゅうそくとう》回《かい》）の活動が強まることがわかりました。この結果は、実験参加者が観察者のしていることに細心の注意を払っていたことを示しています。これはおそらく、他人の行動や反応が、あの女性は気を失ったか、それとも足を滑らせただけなのか、あるいは彼女は本当にけがをしているのかという状況の解釈を行ううえで有用だからです。

しかしそれと同時に、観察者の数が増えると、運動野と体性感覚野という行動を起こす準備を担う部位の活動が低下する結果も得られました。

この結果から、集団の存在が、困っている人を助けたいという自発的な意思を神経レベルで弱めることが示唆されました。私たちが一人でいるときは、脳は自動的に介入する準備をします。このときの判断は簡単です。誰かが助けを求めていて、それを提供するのかどうかは私たち次第です。しかし、他に人がいると、私たちの脳はその人が何をしているのかに集中するため、行動の解釈に時間がかかります。この知見は、なぜ周囲に他の人がいると手助けが遅れる（提供しにくくなる）のかを説明するでしょう。

人数の力

ここまでは、あらゆる悪事に直面したときに、曖昧さが人々の介入をどのように抑制するのかを概観してきました。最後に、何が起きているのかが正確にはわからないときでも、私たちは行動できる場合があることを説明します。

心理学者は、人は一人で立ち向かう必要がないときに悪事に立ち向かおうとする傾向が強くなること、つまり、そうすることで生じるリスクを負うようになることを一貫して明らかにしています。ジーン・リップマン＝ブルーメンが著書『有害なリーダーの魅力（The Allure of Toxic Leaders）（未邦訳）』で記したように「同じ境遇にいる他の人との絆は、信頼、力強さ、協力的な実践を生み出し、それは組織化された抵抗者の集団として大いに役立つ」と言えるのです。[23] 言い換えれば、友人を見つければよいのです。

女性が転倒して痛みで泣き叫んでいるような状況に接した人は、1人のときよりも2人でいたときのほうが救助する可能性が低くなりますが、友人同士のペアでは、見知らぬ人同士のペアのときよりも、早く救助しようとしたことが報告されています。[24]おそらく、友人同士では恥をかく恐れが弱いため、行動への抑制が少ないのでしょう。また、友人同士であれば、その状況についてより積極的に話すことができるため、目撃者同士の思考や感情を誤解する可能性も減ります。

この知見は、本章の冒頭で紹介したジェイミー・バルガーの悲劇的な物語とはまったく異なる結末を迎えた、最近のあるできごとを説明する際に有用です。

2003年3月12日、ユタ州サンディで用事を済ませていたアルヴィンとアニタ・ディッカーソン夫妻は、男性が2人の女性と一緒に通りを歩いている場面を目撃しました。アルヴィンは、その男性の顔に見覚えがある気がしました。そこで彼は妻に、その男性の顔が1年前に誘拐された少女エリザベス・スマートの失踪事件の容疑者に似ている、と言いました。夫妻は容疑者の男性を目撃したことを警察に通報し、警察の到着を待ってから自宅に戻りました。その日のうちに、自分たちの行動がエリザベスの救出につながったことを伝える電話がありました。

ディッカーソン夫妻は、自分たちの行動を英雄視することも、特別珍しいことをしたと考えることもしませんでした。記者会見でアニタ・ディッカーソンは「警察に通報したことで、家族と彼女が再会できたことを知って、私たちはただ嬉しいです」とコメントしています。[25]

ディッカーソン夫妻が警察に通報することを選んだ具体的な理由は定かではありません。ただし、そのひとつとして、夫妻が一緒にいて、目撃したものをどう解釈するのか話し合うことができた、という要因が考えられます。夫婦である2人は、自分たちの考えを共有して馬鹿にされることを心配しなくてもよかったのです。信頼できる人に自分が目撃したことについて率直な意見を述べることは、曖昧な状況から手助けに向かう上で有用だと思います。

それ以外に役に立つ方法は、何があるのでしょうか？ 他の人が意図的に曖昧さを取り除いて、何をすべきかを明確に指示する、という方法があります。

9月11日同時多発テロ（訳注：2001年米国同時多発テロ事件）の直後、ハイジャック事件のさらなる発生が懸念されており、それは現実味を帯びていました。そのとき、ユナイテッド航空のパイロットが乗客に異例のアナウンスを行ったことが知られています。[26] 飛行機がゲートから離れると、パイロットは次のような指示を出したそうです。

はじめに、本日のフライトに勇気をもってご搭乗頂いた皆さまに感謝いたします。現在、ドアは閉じられており、機内で発生するいかなる問題に対しても、外部からの救援は得られません。チェックインされたときにお聞き及びでしょうが、政府は空港のセキュリティを強化するために、いくつかの変更を行いました。しかし、ドアが閉じた後のことについては、まだ何もルールは決まっておりません。ルールが決定されるまで、私たちは独自のルールを作成し、皆さまと共有したいと考えております。

一度ドアが閉じれば、機内にいらっしゃる方々だけになります。セキュリティについてですが、銃のような危険物はスキャンを強化するなどの対応を行っております。現在、機内に爆弾の存在が疑われておりますが、爆弾をご持参された方は、私にそのことをお伝えいただかなくても結構です。この飛行機に搭乗されておられる他の方にお伝えいただく必要もございません。あなたはすでにコントロール下にあります。したがって、このフライトにおいては、本機内に爆弾は存在しない、と考えております。

現在、機内に残されている危険物は、プラスチック、木材、ナイフなどの武器になるもの、あるいは武器として使用可能なものです。

これから、皆さまに、私たちの計画とルールをお伝えします。もし、誰か、あるいは何人かが立ち上がって、この飛行機をハイジャックすると言ったときは、皆さん、全員一緒に立ち上がってください。そして、使えるものは何でも手に取って、ハイジャック犯に向かって投げつけてください。犯人の顔や頭に投げつけて、相手が防御するために両手を挙げざるを得ないようにしてください。

ナイフから身を守るためには、枕と毛布が一番です。犯人の近くにいる方は、毛布を頭からかぶってください。そうすると犯人から身を隠すこともできます。
それが完了したら、犯人を跪かせて、その状態をキープします。それをやめてはいけません。本機を一番近い場所に着陸させてから、犯人に対処するようにいたします。所詮、ハイジャック犯は数人です。しかし、私たちは200人以上の強さを誇っております。私たちは、犯人たちに飛行機の乗っ取りを許すわけにはいきません。

このパイロットが社会心理学の授業を受けたことがあるのかはわかりません。しかし彼は、緊急時に人々が立ち上がるうえで役立つことについて、完璧にメッセージで伝えています。彼は、ハイジャックが発生したときに行動することが乗客の責任であることを告げました。そして、乗客が何をすべきかを正確に伝えて、アイデンティティを共有する感覚を作り出しました。このフライトの乗客は緊急事態に直面することはありませんでしたが、このパイロットのアナウンスは、ハイジャックを試みる愚か者がいた場合にはきっと役に立っただろうと思います。

残念ながら、現実世界のほとんどの状況では、何が起きているのかを理解し、私たちの対応を導く手助けとなる指針は存在しません。その代わりに、私たちは行動するのか、それとも行動しないのか、という2つのコストを、自ら天秤にかけて対応しています。

第４章　援助にかかる多大なコスト

２０１７年5月26日、オレゴン州ポートランド市の技術者のリック・ベストは、通勤電車で帰宅しようとしていました。そのとき、１人の男性が10代の少女２人（黒人少女１人、ヒジャブを身に付けた少女１人）に向かって、人種差別的で反イスラム的な中傷する言葉を叫び始めました。リックと他の男性２人が攻撃者に立ち向かったところ、その攻撃者は３人全員をナイフで刺し、リックと男性１人は殺害されました。

私たちは、心理的要因が緊急事態の発生の把握をどのように困難にするのか、そして責任の感覚をどのように曇らせるのかを学んできました。明らかな緊急事態でも、悪事を止めようとする行動が、自分に重大な、もしくは生命を脅かすリスクをもたらしそうなときは介入するのが難しくなります。また、私たちは、悪事を止めようと行動して出世が妨げられる、あるいは社会的に気まずい思いをするなどの目に見えないコストが生じることも恐れています。残念ながら、このような恐れや不安は重大な結果を招くことがあります。

それは、性差別的なジョークを笑うこと、いじめを黙って見ていることを選ぶ人がいたときにも起こります。

本章では、このような抑制が悪事に立ち向かうことをどのように妨げるのかを説明し、私たちが行動を起こすことを決める前に、相対的なコストと報酬を合理的に計算していることについても考察します。

援助のコストを天秤にかける

あなたが大切な約束の場所に急いで向かっているときに、手助けを求める人に気づいたとしましょう。手助けをすれば遅刻するかもしれませんが、あなたはそこで立ち止まるでしょうか？

緊急時に援助しようとする意思を調べた最も初期の研究のひとつは、この状況を模擬して行われました。ジョン・ダーリーとダニエル・バトソンは、実験参加者のプリンストン神学校の学生（全員聖職者志望）に、善きサマリア人のたとえ（ルカによる福音書10章25節から37節）に関する短いスピーチを準備するように求めました[1]。善きサマリア人のたとえでは、道端に倒れている傷ついた人を助ける人物の姿が描かれており、困っている見知らぬ人を助けることの道徳的価値が示されています。

実験参加者にスピーチの準備時間を数分与えた後、研究者は戻ってきて、スピーチを披露するために隣の建物まで歩いて移動することを告げました。そして、次の3つのメッセージのうち、どれか1つを伝えました。

・小急ぎ条件：「スピーチに対応する教授たちの準備に若干時間がかかるけれども、実験参加者はその建物に向かって歩き始めたほうが良い」
・中急ぎ条件：「教授たちの準備が整っているので、実験参加者は今すぐそこに向かうべきだ」
・大急ぎ条件：「教授たちが実験参加者の到着を待っていて、すでに遅刻しているので、実験参加者は急ぐべきだ」

実験参加者がスピーチを行う建物に向かって歩いていくと、玄関で、咳き込み、うめき声をあげながら、目を閉じてうなだれている男性とすれ違いました（この男性は実験協力者です）。さて、ここからが研究の本題です。立ち止まって彼を助けた人はいたのでしょうか？

思い出していただきたいのですが、この研究の実験参加者は全員神学生でした。そして、彼らは他人を助けることに関するスピーチを準備したばかりでした。しかし、立ち止まって助けたのかを予測した主な要因は、「実験参加者がどれだけ急いでいたのか」だったのです。小急ぎ条件では3分の2近くの実験参加者（63％）が、中急ぎ条件では半数近くの実験参加者（45％）が立ち止まって援助を行いました。しかし、大急ぎ条件で手助けをした実験参加者の割合はわずか10％でした。

聖職者を志す人物は、時間的なプレッシャーに関係なく手助けを行うべきではないかと、この知見に驚かれるかもしれません。ところが、これは社会心理学者のモデルが予測する通りの結果なのです。「覚醒：コスト—報酬モデル（arousal/cost-reward model）」によれば、人は、痛みや苦しみを経験している他人を見ると不快な生理的興奮を覚えます。[2] 言い換えれば、私たちは困っている人、例えば食費を要求しているホームレスや、パンクした車のそばに立っている人を目撃すると、嫌な気分になるのです。私たちはこの悪感情を消し去りたいのですが、それを達成する方法はその人を助けることです。

人助けには確かにメリットがあります。そうすることで、私たち自身の気分は改善しますし、その美徳は他人から評価されるかもしれません。しかし多くの場合、人助けには時間の喪失、恥ずかしさ、身の安全といったコストも伴います。そのため、行動を決定する前に、私たちは無意識的に費用対効果を分析します。利益がコストを上回れば人助けを行いますが、コストが利益を上回れば人助けをしようとはしません。

その結果として、最も援助を求めている人々が、最も援助を受けとる可能性が低くなる場合があります。例えば、１９９０年代のルワンダ大虐殺や銃乱射事件のような極端な紛争状況では、人を助けたいとは思っていても、どのようにするのがベストなのかがわからないときや、援助を試みるだけでコストがたくさん発生しそうなときがあります。2018年2月にフロリダ州パークランドのマージョリー・ストーンマン・ダグラス高校で起きた銃乱射事件では、武装した学校駐在警察官が銃声を耳にしたにもかかわらず、校舎には入らずに、大虐殺が起きている最中に後退していたことが明らかになりました。このときの警察官の不作為は、覚醒：コスト—報酬モデルの道理にかないます。アサルトライフル（訳注：銃乱射事件で凶器として使用されることが多い自動小銃）を所持する犯人を制止することの潜在的なコストは非常に高く、利益は不確実だからです。

ウィスコンシン大学マディソン校の研究者は、フィラデルフィアの地下鉄車内で巧妙な実験を行いました。それは、潜在的なコストが高まれば、人は困っている人に手を差し伸べる可能性が本当に低くなるのかを直接的に調べる研究でした。[3]実験では、実験協力者が杖をつきながら、車内の端まで歩いて転倒しました。床に横たわったままでじっとしている条件があれば、口から血を流して横たわっているように見える条件（実際は、血液を模した赤い染料の包みをかじっただけでした）もありました。もう1人の実験協力者が、その場に居合わせた乗客が転倒した実験協力者を助けるまでに要した時間を測定しました。

何が起きたのか、予測できるでしょうか？　血は明らかに深刻な問題の兆候です。吐血している人は、吐血していない人よりも助けが必要なことは誰もが同意することでしょう。

出血が認められたということは、その場に居合わせた人にとっては、緊急事態なのかどうかを考える必要がないことを意味します。したがって、より曖昧な状況のときのように、その場に居合わせた傍観者は、過剰反応による社会的な気まずさを恐れなくてもよいのです。しかし、血液は援助者に大きな負担も与えます。少なくとも、多くの時間を費やす必要があることを示しており、肝炎やＨＩＶ、その他の深刻な病気に感染するリスクがあることも意味します。研究者が予想した通り、男性が吐血する条件では、乗客が救助しようとする傾向が著しく低下し、救援するまでの時間も長くなることがわかりました。

私たちは皆、自分のことを、困っている人を助けるような道徳的で善良な人間であると思いたいのです。そのように行動するべきだというメッセージは、ほとんどの信仰の中心にあります。ところが、信仰心の厚い人々が悪事に介入しようとする傾向は高くありません（後述しますが、信心深さが傍観者の不作為を促すことさえあります）。状況的要因は、私たちの行動を決定する上で、認めたくないほどはるかに重要な役割を果たしているのです。

人々が援助のコストと利益を計算する際には、緊急事態の深刻さ以外にも、さまざまな要因が関与します。居合わせた人による心肺蘇生の実施意欲に関するデータからは、地理的位置が影響する可能性が示唆されています。米国心臓協会には、心臓発作で人が倒れたときに、その場に居合わせた人が行う心肺蘇生法の訓練プログラムがあります。心停止の場合、迅速な行動が非常に重要です。しかし、同協会が収集したデータによると、居合わせた人が心肺蘇生を実施した事例は約40%に過ぎないこと、その割合は地区によって大きく異なることがわかりました。29のさまざまな都市で心停止を経験した1万4000人以上を対象とした2010年の研究によると、白人住民が多い裕福な地区は、黒人住人が多い低所得者の地区と比べて心肺蘇生の実施が2倍だったことが報告されています。[4] 別の研究は、人種には関係なく、低所得者地区（実際に心停止が頻発します）では、居合わせた人による心肺蘇生の実施率が低いという結果を得ています。[5]

心肺蘇生に関するデータからは、裕福な地区の住人は救助しようとする傾向が高いことが示されていますが、それは心肺蘇生法のトレーニングを受けた経験者が多いからかもしれません。トレーニングの効果を検証するために、コーネル大学のエリン・コーンウェルとアレックス・キュリットは、全米のさまざまな地区で発生した2万2000件以上の医療緊急事態を対象に、その場に居合わせた人による救援事例の調査を行いました。[6] 水分を与える、毛布を掛ける、冷湿布を提供するなど、ほとんどの救援活動は特別なスキルを必要としないものでした。研究者は、各地区の社会経済的状況（世帯収入の中央値、教育レベル、貧困率に基づいたもの）と人口密度（1平方マイル（訳注：約2・6平方キロメートル））に住む人の数に基づいていました）に注目しました。さらに、助けを求めた人が白人だったのか、それとも黒人だったのかにも注目しました（データセットに含まれていた他の人種は人数が少なすぎて評価できませんでした）。

研究者は、居住地区と人種の双方が救援行動に影響を与えることを明らかにしました。人口密度が高い地区に住んでいる人は、低密度地区に住んでいた人よりも救助されにくいことがわかりました。この結果から、緊急時に多くの人がいることは、患者にとっては必ずしも良いニュースではないことが改めて示唆されました。さらに、地区の豊かさは、人口密度以上に大きな影響を及ぼすことがわかりました。貧しい地区の住民が救援を得る可能性は著しく低かったのです。そして、黒人の患者は、すべての地区で白人患者と比べて悪い救助結果だったことから、明示的か暗黙的かにかかわらず、偏見も救援に一役買っていることが示唆されています。

このような地区効果（neighborhood effect）（訳注：近隣効果とも呼称）は、不信感の強さに関連している可能性があります。社会学者は、資源が乏しく、不法行為や犯罪が多発する地区では、住民は不信感を抱くようになること、「他人は自分を助けるよりも傷つける可能性が高い」と考えるようになることを発見しました。[7] 不信感の増加は、援助のコストが高くなることを意味します。そのため、そのような地区では、緊急時にその場に居合わせた傍観者が進んで行動しようとする意欲が減るのです。

この研究と一致するデータがあります。それは、農村部の住民は、都市部の住民よりも1ドルを小銭に崩す、落とし物を拾う、道案内をするなど、あらゆる援助を行う傾向が強いというデータです。[8] この援助の差異には、混雑した都市部では困っている人に気づきにくいこと、農村部では匿名性が相対的に低く、社会的結束が強いことなど、さまざまな要因の寄与が考えられますが、費用対効果の分析をその一因として捉えるのが妥当です。

声をあげることの社会的なコスト

数年間、私には定期的に一緒にランチをとっていた男性の同僚がいました。私たちは、同じ小説が好きで、政治的な考えや教育哲学が似ているなど、多くの関心を共有していました。私は彼との人付き合いを楽しんでいたのですが、彼は何度かやや不適切と思われる発言をしました。あるとき彼は、私が痩せたことを指摘して「本当にきれいになったね」と言ったことがありました。またあるときは、出張で私が寂しい場合があれば言ってくれれば一緒に行くと話を持ちかけてきました。このような発言は一貫して私を不快にさせましたが、やめてほしいと彼に向って言う勇気はありませんでした。

当時、私はすでに終身在職権のある教授だったことから、彼には私のキャリアを左右する力はなかったのですが、それでも私は彼に向って何も言いませんでした。私は、先ほど紹介したような不適切な発言を笑い飛ばして、彼とのランチをただやめました。人間関係を気まずいものにしたくなかったですし、過剰反応だと彼に非難されたくありませんでした。何も言わないほうがただ楽だったのです。

不快な状況では、ほとんどの人はこれと同様の対応をとります。私たちは、悪事を非難することで生じる対人関係のコストを恐れて、大抵、何もしようとはしません。このような恐れは、私たちが悪事の被害者ではなく、目撃者のときに増幅されることがあります。なぜなら、周囲にいる他の人の反応も気になるからです。

攻撃的な発言や軽蔑的な誹謗中傷、人種差別的・性差別的な言葉遣いを聞いたときのことを考えてみてください。あなたはどのように対応しましたか？ 何か言って過剰反応だと思われる、あるいは社会的な気まずさを生み出すリスクをとったでしょうか？ それとも、自分の考えを胸の内にしまっていたでしょうか？ 何かを言うべきだとわかっていても、何も言わないほうがずっと簡単です。

1990年代後半の頃、ペンシルベニア州立大学の研究者が女性の研究参加者を募集しました。その研究は、無人島で生き残る可能性が最も高いと思われる12人を30人のリストの中から選ぶという内容でした。[9] 研究者は、研究参加者がどのように人物を選ぶのかに興味があったわけではなく、この設定を利用して、性差別的な発言に女性がどのように反応するのかを調べようとしていたのです。研究者は、数人の男性（研究参加者の女性はこの男性を他の研究参加者だと信じていました）を事前に募集して「女性は体型をキープする必要があるよね」「この女性は料理ができるよ」などの性差別的な発言をするように指示しました。そして、研究の最後で、研究参加者は他のメンバーの印象を尋ねられました。ほとんどの女性（91％）が、性差別的な発言をした男性にネガティブな印象をもったと回答しました。しかし、男性に向かって「うわー、そんなことを言うなんて信じられない！」と言うなど、直接的に反応した女性は16％だけでした。

研究参加者の女性が攻撃的な発言を非難しなかったのは、男性から過剰に自己主張をしている、あるいは差別的ではないとみなされたくはなかったからです。女性たちは間違っていませんでした。ある研究によれば、男性は性差別的な発言を非難する女性よりも、その発言について沈黙している女性に好感を抱くことが示されています。[10] つまり、実際には、私たちは攻撃的な行動に立ち向かいたいと思っていても、ネガティブな反発を引き起こすことを（現実的に）恐れて何も言わないことがあるのです。

攻撃的な言葉遣いや軽蔑的な言動をとる人に立ち向かうことには、認知的、そして感情的なエネルギーが求められます。そのため、より悪質な言動のときでも、ほとんどの人は沈黙しようとする傾向があります。ある研究では、実験参加者の学生が、実験室で実験協力者の白人と黒人の大学生2人と一緒に作業を行いました。[11] 実験協力者は、実験参加者の学生（黒人学生はいませんでした）がいる状況で、中程度、あるいは極度に人種差別的な中傷を行いました。中程度の中傷条件では、黒人の実験協力者が実験室を出るときに、白人の実験協力者の膝にぶつかることにしました。そして、黒人の実験協力者がいなくなった後で、白人の実験協力者が「典型的だけど、黒人があいうことをするのが大嫌いなんだ」と発言しました。極度の中傷条件では、白人の実験協力者が「間抜けなNワード（訳注：黒人への差別表現の総称）野郎が」と発言しました。3つ目の統制条件では、白人の実験協力者は何も言いませんでした。

次に、黒人の実験協力者が実験室に戻ってきて、実験者は実験参加者の学生に黒人学生と白人学生のどちらと一緒に行動したいのかを選ぶように求めました。統制条件では、実験参加者の53%が白人学生を選びました。ところが、人種差別的な中傷が行われた2つの条件では、実験参加者の63%が白人学生をパートナーに選ぶことがわかりました。白人の実験協力者が攻撃的な発言をした後に、その白人をパートナーに選ぶ傾向がやや高まるということの結果は想定外で、直感に反するように思われます。どうして、実験参加者は、人種差別主義者に見える人物と一緒に仕事することに関心をもったのでしょうか？

研究者は、実際の人種差別的なできごとに人々がどのように反応するのかではなく、どのように反応すると考えているのかを探るために、もうひとつ研究を行いました。その研究では、実験参加者に、先ほど紹介した実験の状況を説明する文章を読んでもらう、あるいは状況を再現したビデオを視聴してもらった後で、実験参加者がどのように反応するのかを予測してもらいました。その結果、自分だったらどうするのかの予想では、実験状況を説明した文章を読んだ人の25％、ビデオを視聴した人の17％が人種差別的な中傷をした白人と一緒に働くことを選ぶと回答しました。さらに、自分が経験するだろうと予測した感情的な苦痛は、実際に実験を体験した実験参加者が報告した苦痛よりも大きいことがわかりました。

人種差別的な発言に直面すると人はとても動揺する、というイメージがもたれていますが、この結果は、実際にそのような発言が行われると人はあまり動揺しないことを物語っています。人は、無意識のうちに自分が認めたくないほどの人種差別主義を身に付けているのかもしれません。そうでなければ、どうしてこの研究の実験参加者の多くが黒人を侮辱した人物と一緒に働きたいと思ったというのでしょう？　研究者は、人種差別的な行動を目撃した実験参加者は、その発言を単なるジョークとして捉え直すことで正当化した可能性があると結論付けました。それは、実験参加者が発言者に対する評価を下げる必要がなくなったことを意味します。

この研究論文の第一著者であるケリー・カワカミは「人は、自分が偏見を持っているとは考えていません」と結論しています。さらに「人々は、自分は人種差別的な言動にとても腹を立てて、何か行動を起こすと予測します。しかし、実際にあからさまな人種差別的な発言に直面すると、その反応は予想よりもずっと穏やかなものであることがわかりました」と述べています。[12]

これらの知見は、何度も繰り返し確認されてきた次の事実を示します。私たちは、面接官が不適切な質問をしたときにはっきりと意見を伝えたり、人種差別的な中傷をした相手を怒鳴ったりするなど、自分は正しい行いをするだろうと考えています。ところが、そのような状況が発生すると、実際の行動はそれほど感動的なものではありません。

ほとんどの人が理解していませんが、声をあげようとしない私たちの生来の性向によって、悪事は実際に長引くことがあります。沈黙は、無関心や黙認を意味し、悪事が継続する可能性を一層高めるのです。

社会的な拒絶は脳に悪影響を及ぼす

「社会的なコストが生まれるので悪事を指摘したくない」という望みは、あらゆる苦痛を避けたいという人間の基本的な欲求を反映しているように思えます。近年、神経科学者は、脳で社会的苦痛（誰かと別れる、あるいは社会的に拒絶されるなど）と身体的苦痛（足首をひねる、指を切るなど）がまったく同じように反応していることを明らかにしました。[13]

社会的苦痛と身体的苦痛の神経学的類似性を証明した初期の研究のひとつに、カリフォルニア大学ロサンゼルス校のナオミ・アイゼンバーガーとマシュー・リーバーマン、そしてオーストラリアのマッコーリー大学のキプリング・ウィリアムズが行った、サイバーボール（Cyberball）というインタラクティブな仮想ボール投げゲームを使用した研究があります。[14] 実験参加者はｆＭＲＩ装置の中でゲームを行い、２人の対戦相手も同様にｆＭＲＩ装置の中でプレイしていると伝えられました（実験参加者は知りませんでしたが、実はこのゲームの相手はあらかじめ設定されたコンピュータープログラムでした）。ゲームの最初のラウンドでは、実験参加者と他の２人のプレーヤー（コンピューター）は、ボールを等しく投げ合いました。第２ラウンドになると、最初のうちは、実験参加者を含めた全プレイヤーでボールの投げ合いが７回まで行われましたが、それ以降は実験参加者を除いた２人のプレイヤーの間だけでボールの投げ合いが約45回行われました。実験の終わりに収集されたアンケートのデータからは、驚くことではありませんが、実験参加者は排除されて無視されていると感じていたことがわかりました。

　次に、研究者は、社会的排斥（social ostracism）がどのように処理されているのかを確かめるために脳の活動パターンを調べました。その結果、実験参加者がボール投げの課題から排除されたときは、脳の２つの領域、背側前帯状皮質《はいそくぜんたいじょうひしつ》と前部島皮質《ぜんぶとうひしつ》（前島）の活動が増加していたことがわかりました。この活動パターンは、身体的苦痛の経験者を対象とした研究で確認されている結果と非常に類似していました。背側前帯状皮質は、脳の警報システムとして機能しており、基本的に「ここに何か問題がある」ことを示しています。そして、前部島皮質は、痛みやネガティブな感情の制御に関与しています。

社会的排斥と身体的苦痛の神経学的関連性をさらに調べるために、実験参加者に、サイバーボールのプレイ中に社会的苦痛（透明人間扱いされたり、拒絶された感覚）をどの程度痛切に経験したのかを報告してもらった結果、疎外感や不快感を強く回答した実験参加者は、身体的苦痛を処理する脳部位の活動がより活発化していることがわかりました。この画期的な研究は、社会的排斥を経験すると、身体的苦痛に反応する脳部位と同じ部位が活性化することを初めて実証しました。第9章で説明しますが、その後の研究でも、この結果は支持されており、研究はさらに発展しています。

もし、社会的苦痛が身体的苦痛と同様に経験されるのであれば、あなたは、頭痛や筋肉痛を軽くするために使われている薬が社会的苦痛を減らすのではないか、と発想されるかもしれません。この仮説を調べるために、ネイサン・デウォールとその研究グループは、大学生62人を対象に、自分の感情が傷つけられた経験がどの程度あったのかを3週間にわたって毎日記録してもらいました。[15] また、実験参加者には毎日1錠の錠剤が配られました。実験参加者の半数にはタイレノールやパラセタモールの有効成分であるアセトアミノフェン（訳注：解熱と鎮痛の効果を併せもつ成分）を含む錠剤が投与され、残りの半数にはプラセボ（訳注：

薬効成分が入っていない偽薬）が投与されました（実験参加者は自分がどの錠剤をもらったのか、その錠剤に何が含まれているのかは知りませんでした）。アセトアミノフェンを３週間投与された実験参加者は、傷ついた感情のレベルが低下したことから、身体的苦痛を軽減するために簡単に入手可能な市販薬が社会的苦痛を減らすことができることが示唆されました（ただし、社会的な不安を感じている10代の子どもにアセトアミノフェンの日常的な摂取をすすめる前に、この薬には深刻な副作用があることに留意してください）。

さらに最近の研究は、このポピュラーな鎮痛剤が、他の人の苦痛を感じ取る能力をも低下させる効果があることを実証しました。[16] この研究では、オハイオ州立大学と国立衛生研究所の心理学者が、実験参加者の大学生に２種類の飲み物を摂取してもらいました。そのうちのひとつはアセトアミノフェン１０００㎎入りの飲料、もうひとつはプラセボ溶液でした。１時間後に薬が効いてから、実験参加者は社会的あるいは身体的苦痛を経験している人物に関する８つの物語を読みました。ある物語では登場人物の父親が亡くなり、別の物語では登場人物がナイフでひどい切り傷を負いました。実験参加者の学生は、それぞれの物語の登場人物がどれほど傷つき、傷つけられ、苦痛を感じているのかを評価しました。その結果、鎮痛剤を服用した学生は、プラセボを服用した学生よりも、主人公の痛みや苦しみを一貫して軽く評価することがわかりました。

２つ目の研究では、再び一方のグループにはアセトアミノフェンを、もう一方のグループにはプラセボを投与し、他の学生が2種類の異なる苦痛を経験していると想像してもらいました。そのうちのひとつは大音量のホワイトノイズを聞くという身体的苦痛で、もうひとつはオンラインゲームで仲間外れにされるという社会的苦痛でした。この場合でも、鎮痛剤を投与された学生のほうが他人の苦痛に対する評価が低下する結果が示されました。

この研究論文の筆頭著者であるドミニク・ミシュコフスキーは「これらの知見は、アセトアミノフェンを服用すると、他の人の苦痛は大したことではないと考えることを示唆します」と結論付けており、さらに「もし、あなたが配偶者と口論をしていて、アセトアミノフェンを飲んだばかりだとします。この研究は、そのときあなたは配偶者の感情を傷つけることをしたのか、あまり理解できない可能性があることを示唆しています」と述べています。[17] つまり、一般的な鎮痛剤には、心理社会的な副作用があって、他人のつらい体験に共感的につながる能力を阻害する働きがあるようです。文字通り、アセトアミノフェンは、他人の苦痛を感じ取る能力を低下させます。

私たちは、悪事を指摘することで起こりうる拒絶や嘲笑などの社会的な結果が、実際に嫌な気分を生むことを知っています。これらの研究結果は、人は社会的苦痛、あるいは社会的苦痛への恐れを、足首をひねった痛みやひどい頭痛を無視する以上に、無視することができないということを教えています。第5章で説明しますが、見ず知らずの他人ではなく、同級生やチームメイト、同僚、あるいは宗教団体や政党のメンバーなど、自分が属する社会集団のメンバーが行った悪事を非難して仲間外れにされると、この苦痛を無視するのはさらに難しくなります。

コストを克服する

覚醒：コスト―報酬モデルは、多くの人が行動を起こすのかどうかを決定する際に用いる合理的な判断について説明します。この意思決定プロセスは、行動するリスクが高すぎるという結論に至ったときに、私たちを不作為へと導きます。しかし、コストが高い場合でも介入する人もいます。このような人たちには何か違いがあるのでしょうか？

ペンシルベニア州立大学のテッド・ヒューストンとその研究グループは、路上強盗、強奪、銀行強盗など、危険な状況に介入した32人にインタビューを行って、非介入者と比較しました。[18]その結果、介入者は、応急手当などの救命技術のトレーニングを経験していた割合が非常に高いことがわかりました。実際、介入者の63％が救命訓練を受けていました。介入者と非介入者の性格に違いはなく、身に付けていたスキルが異なっていたのです。

比較的低レベルのトレーニングでも、緊急時に行動する勇気を人々に与えることができます。2013年5月、イングリッド・ロヨー＝ケネットは、路上で血を流して倒れている男性を救助しようとしてロンドンのバスから飛び降り、警察が到着するまでの10分間、男性を殺害した2人組の男と会話を交わしました。[19] 彼女は自らの行動を、カブスカウト（訳注：ボーイスカウトの幼年部門）のリーダーとして受けた応急手当のトレーニングのおかげだと考えています。2017年3月、スチュワート・グラハムは、メイン州のYMCA（訳注：キリスト教青年会）で、運動中に卒倒してジムの運動用自転車から転落した男性に心肺蘇生を行いました。[20] グラハムは、3年前に受けた心肺蘇生法講習のおかげで迅速に行動して、男性の命を救うことができたと語っています。

これらの例は、生死にかかわるような緊急事態に直面したときに行動する意欲を高める上で、トレーニングが一定の役割を果たしていることを示唆しています。そして、トレーニングには、高校生がいじめをやめるように言うことから、フラタニティの新入生いじめのプレッシャーに抵抗すること、ヘッジファンドのマネージャーがインサイダー取引に関与したトレーダーを罰することまで、日常生活のありふれた場面で一歩踏み出すために必要なスキルを人々に与える働きもあります。このようなトレーニングにはどのような方法があるのでしょうか？　効果的な実践法については、後の章で説明しますが、その前に、人々が同調圧力を感じたときに何が起きるのかを確認していきましょう。

第5章　社会集団のパワー

2017年2月4日、ペンシルベニア州立大学2年生の19歳のティモシー・ピアッツァは、所属するフラタニティの新入生いじめの儀式の一環として82分間で18杯のお酒を飲まされました。午後11時頃、彼は階段から真っ逆さまに転落しました。ティモシーは意識不明で、腹部の大きなあざなど重傷を負った形跡が認められたことから、フラタニティの多くのメンバーは彼の体調が非常に悪いことに気づいていました。しかし、誰かが救急に連絡したのは、彼が転落してから12時間以上も経過した後でした。ティモシーはようやく病院にたどり着いたのですが、脾臓の裂傷や重度の腹部出血、脳の損傷が見つかり、翌日、彼は亡くなりました。

ティモシー・ピアッツァの死は悲劇です。しかし、それは珍しいできごとではありません。事実、フラタニティの入会儀式が原因で毎年大学生が死亡しています。フラタニティの新入生いじめは、大学コミュニティの良き一員である普通の若者たちによって行われています。実際、ティモシーがそのクラブに入会しようと決めたのは、メンバーの多くが工学や生物学を専攻する真面目な学生だったからです。このフラタニティは社会奉仕活動にも参加していました。このように、フラタニティは冷酷なサイコパスばかりが所属しているわけではありません。ところが、フラタニティでの新入生いじめが原因で死亡した事例が後を絶ちません。そこで起きるストーリーは同じです。それは、複数の若者たちが、深刻な問題が起きていて治療を求める人がいることに気づいていながら、何もしなかったという内容です。

第4章では、悪事を非難するコストについて調べました。自分が所属する社会集団のメンバーが悪事を働いた場合、非難の声をあげる社会的なコストは一層大きくなります。このような社会的コストは、新入生をいじめているフラタニティの仲間から、攻撃的な発言を笑っている同僚に至るまで、自分が所属するコミュニティのメンバーに非難の声をあげることを抑制します。そのコストは非常に大きいため、他のメンバーを守ろうとして困っているメンバーを無視することさえあります。なぜ、コミュニティのメンバーに異議を唱えることは、これほどまでに難しいのでしょうか？　最近の神経科学の研究によれば、私たちの脳には社会集団の規範に同調しようとする傾向が組み込まれている、という知見が報告されています。社会集団に合わせることは、ほとんどすべての人にとって、そこから外れて目立つことよりもはるかに快適なのです。

社会的圧力と同調

１９５０年代のことです。社会的圧力（social pressure）が同調に及ぼす影響を実証した研究で知られる先駆的な心理学者ソロモン・アッシュは、「視覚的弁別」の研究と称して実験参加者を募集しました。[1] 実験参加者はターゲットとなる線分を見るように伝えられた後、他の３本の線分を見て、その中からターゲットと同じ長さの線分を回答するように求められました。これは、自分でやってみるとわかりますが、ほとんど間違えようがない簡単な課題です。

アッシュは、間違った答えであることを知っていたとしても、集団に合わせて答えるのかに関心がありました。彼は実験参加者を募集して、男子大学生８人１組でこの課題を行いましたが、実際にはこのゲームのような課題に参加していた大学生は１人だけでした。他の実験参加者は全員実験協力者で、各自が大声で回答して、最後に実験参加者が回答するという内容でした。

線分判断課題のほとんどの試行では、全員が正しく回答しました。ところが、いくつかの試行では、実験協力者全員が同じ間違った回答をするよう指示されていました。この状況を想像してみてください。最初の人が、明らかに間違った答えを言います。それが間違いなのは明白ですから、あなたは笑いそうになります。しかし、次の人も同じ間違いをして、その次の人も同じように答えました。こうなると、あなたは何を考えるでしょうか？もっと重要なのは、あなたがどのように答えるのかです。

研究の結果、実験参加者の3分の1以上（37％）が、集団の他のメンバーに同調して間違った回答を行うことがわかりました。実験参加者の半数は、少なくとも半分の試行で間違った回答を行いました。

この知見で注目すべきは、実験参加者は他の人に合わせる必要性が特になかったことです。実験参加者同士の関係は、友人でもフラタニティの兄弟たちでも、同僚でもありませんでした。見知らぬ者同士の関係なのに、同調しようとして間違いだと知っている回答を行ったのです。アッシュ自身、この結果に心を痛めました。彼は「私たちの社会では、合理的な知性と良識のある若者が白を黒と呼ぶことを厭わないほど、同調しようとする傾向が強いことがわかった」と述べており、さらに「これは懸念事項である」と記しています。

人は単に集団に同調しようとして、間違いだと知っている回答を行うことがあるという知見は、アッシュの研究と、その結果の再現を試みた多くの努力によって強力に裏付けられています。ただし、この実験パラダイムは人為的であることから、間違った回答をしたとしても、そこから生まれる結果は些細なものです。ほとんどの人は、実験者に線分の長さを判断するのが苦手だと思われたとしても、特に気にすることはありません。
それでは、利害が強まれば、私たちは同調しにくくなるのでしょうか？　あるいは、評価を求められるものが自分にとって重要で、自己意識に近いものであれば、私たちは同調しにくくなるのでしょうか？　簡単に言えば、その答えはノーです。その後の研究によって、社会集団は、好きな歌から食べ物に至るまで、あらゆる態度や行動に影響を与えることが明らかにされています。

コロンビア大学の社会学者は、社会的規範がティーンエイジャーの音楽の好みにどのような影響を与えるのかに興味がありました。[2] そこで、1万4千人以上のティーンエイジャーをインターネット上で募集し、音楽の嗜好に関する研究に参加してもらいました。実験参加者の半数は、無名のロックの曲を聴いて、気に入った曲をダウンロードすることが求められました。この条件の実験参加者には、「無名のバンドが自作曲を投稿するウェブサイトからダウンロードしたものなので、曲に関する情報は何もない」と伝えました。残りの半数の実験参加者には、同じように無名の曲を聴いてもらいましたが、その曲が他の人に何回ダウンロードされたのかも表示しました（これは人気の指標です）。その結果、たくさんの人がダウンロードしているとわかった曲は、実験参加者もダウンロードする可能性が有意に高くなることがわかりました。これは、ティーンエイジャーがダウンロードする曲を決める際に、他人の評価を参考にしていることを明確に示しています。

つまり私たちは、他の人が何を考えているのかを気にします。しかし、すべての意見を等しく評価するわけではありません。数え切れないほど多くの研究が明らかにしてきたように、私たちは、自分の内集団に属する人の意見に強く影響を受けます。バーミンガム大学のスザンヌ・ヒッグスとリヴァプール大学のエリック・ロビンソンは、他の女子学生はオレンジジュースを嫌いだと知った女子学生が、その後、自分もオレンジジュースをあまり好きではなくなることを明らかにしました。[3] その一方で、男子学生がオレンジジュースを嫌いだという知識は、実験参加者の女子学生の評価に何の影響も与えませんでした。私たちは、同じ集団の人たち（この場合は他の女子学生）との一致を気にしており、そうするためには自分の考えを変えることも厭いません。


同調圧力は非常に強力です。社会的規範から逸脱した人は、恥ずかしさ、気まずさ、他人からの敵対的な行動など、ネガティブな結果をしばしば経験します。[4] 他の人が拒絶されているのを目撃するだけでも、それがどれほど不愉快かを思い起こさせる場合があることから、より強い同調を生み出す可能性があります。

拒絶への恐れがどれほどの同調を誘発するのかを示す研究として、実験参加者の大学生を3つのユーモラスな動画のうち1つの動画を見るように無作為に割り当てることで、説得力ある実証を試みた研究があります。[5] この研究の1つ目の動画（他者嘲笑条件）では、ある人物が他人の外見を揶揄して「ティーンエイジャーの頃は、彼のニキビがひどかったので、私たちは、彼のことを『ピザ顔』と呼んでいました」と言いました。２つ目の動画（自己嘲笑条件）では、ある人物が自嘲して「ティーンエイジャーの頃は、ニキビがひどかったので、彼らは、私のことを『ピザ顔』と呼んでいました」と言いました。３つ目の動画（統制条件）では、コメディアンが誰に向けたものでもないジョークを飛ばしました。

　その後、実験参加者全員にいくつかの漫画を読んでもらい、各漫画の面白さを評価してもらいました。使用した漫画は、他の学生から「とても面白い」または「まったく面白くない」と評価されたものでした。実験参加者は、漫画を評価する直前に、他の学生の評価結果を伝えられましたが、それは実際の評価結果とは真逆の内容でした。実験参加者の評価はどのようになったのでしょうか？

　他者嘲笑条件の動画を見た実験参加者は、自己嘲笑条件や統制条件の実験参加者よりも、他の学生の漫画の評価に同調しようとする傾向が認められました。すなわち、他者嘲笑条件では、面白くない漫画を面白いと評価し、面白い漫画を面白くないと評価したのです。この結果から、社会的拒絶の一形態である、嘲笑されることの連想は、私たちの同調傾向を強めることがわかりました。また、この研究は、いじめっ子が嘲笑やからかいを使って、どのようにして大きな同調を引き出しているのかに洞察を与えてくれます。

私たちは、自分が所属する集団の規範を学び、守るということを積極的に動機づけられていて、特に自分が所属する集団のメンバーの悪事に対して、その悪事を非難することで生まれる結果を恐れる傾向があります。このことが、例えば、同級生が女子学生の体型を格付けしたリストを回覧したとき、あるいは感謝祭の夕食の席で親戚が同性愛嫌悪的な中傷を行ったとき、または会議中に同僚が攻撃的な発言をしたときなど、あらゆる場面で私たちが非難の声をあげることを抑制するのです。そして、この知見は、宗教的・政治的集団のメンバーが、集団の外部にいる人々にとっては耐えられないような行動を容認してしまう理由を説明する一助になります。

なぜ同調すると気分が良くなるのか

神経科学者は、集団に従おうとする私たちの傾向の根底に神経学的な要因が関与することを示す有力な証拠を発見しました。ユニバーシティ・カレッジ・ロンドンの研究者は、自分の音楽の好みが専門家の好みと一致している、あるいは一致していないと思ったときの実験参加者の脳活動を分析しました。研究者は、実験参加者に、好きだけれども所有していない音楽を20曲リストアップしてもらいました。[6] その後、実験参加者にfMRI装置に入ってもらって、リストにある曲とリストにない無名の曲をそれぞれ1曲ずつ再生しました。それから、2つの曲のうち好きなほうを選んでもらい「音楽の専門家」と称する2人の人物がどちらの曲を高く評価したのかを伝えられました。

その結果、他人が自分と同じ意見をもっていたことを伝えられた場合、特にその人物の知識が豊富であると言われると、良い気分になることを示す強力な証拠が得られました。音楽の専門家と特定の曲の好みを共有していることを知った実験参加者は、専門家が別の曲を選んだときよりも、報酬体験の処理に関係する脳の部位である腹側線条体《ふくそくせんじょうたい》の活性化が大きくなることがわかりました（この部位は、私たちがお金を得たり、チョコレートを食べたりするときに活性化する脳の部位と同じです）。その部位の活性化の程度は、2人の専門家が実験参加者の曲の好みに同意したときに一層強くなりました。この研究は、神経学的メカニズムが社会的同調を生み出す上で重要な役割を果たしていることを明らかにした、初期の研究のひとつに位置づけられます。

別の研究は、自分の意見が仲間の意見によって正しいと認められたときにも、脳が独自の反応をすることを明らかにしています。ロシアのサンクトペテルブルグ国立大学のアンナ・シェスタコワとその研究グループは、女性の実験参加者に、200人以上の女性の顔写真を使用して女性の魅力を評価してもらいました。[7] 実験参加者は、自分の評価を報告した後、他の女性がつけたと思われる平均評定結果を伝えられました。ある試行では、実験参加者は、自分の評価が他の人の評価と非常に似ていたことを、別の試行では、自分の評価が他の人の評価と非常に異なっていたことを告げられました。研究者は、脳波計を使って、さまざまな刺激に反応して脳が生み出す微弱な電圧である事象関連電位を測定することで、その結果を知った後の実験参加者の脳の反応を調べました。脳の活性化のパターンを測定するために、実験参加者は、画像を再評価する機会が用意されました。

予想通り、実験参加者は、他人が自分の評価結果に同意していないと思ったときに、自分の評価を集団の評価に沿うように変更しました。しかし、それ以上に驚く知見が得られました。それは実験参加者の神経反応についてでした。実験参加者の事象関連電位は、自分の評価が他の人の評価と一致しないことを告げられたときは、一致していることを告げられたときよりも、有意にネガティブな反応を示すことがわかりました。この結果から、集団の意見と自分の意見が一致しないときは、修正が必要なエラーが起きたことを示唆する神経反応が発生することが明らかになりました。

脳の表面部の電気活動だけではなく、脳のさまざまな部位の活性化を調べるｆＭＲＩデータを使用した研究からも、同様の結果が得られています。先ほど紹介した研究と同様の手続きを使用した別の研究は、女性の実験参加者に女性の顔の魅力を評価してもらい、その後、他の女性がどのように評価したのかを実験参加者に伝えました。[8] その結果、自分の評価が他の人の評価と異なることを実験参加者が気づいたときに、脳の吻側《ふんそく》帯状帯領域と腹側線条体が活性化するという知見が得られました。脳のこれらの部位は、行動の結果、社会的学習、報酬に関する処理を行っています。この研究で明らかにされた神経活性化のパターンは、学習時にミスをしたときに観察される反応と類似していました。つまり、この脳活動のパターンは、基本的に脳が「あなたはミスをしました。そのミスを訂正してください」と告げているのです。

この研究の実験参加者は、自分の評価が他の人と共有されていないことを認識したときに、自分の評価を集団の評価と一致させるために調整しようとする傾向が認められました。そして、「エラー」であることを示す神経信号が大きいときは、評価のシフトも大きくなることがわかりました。

この知見は、研究論文の筆頭著者であるヴァシリー・クルチャレフが述べているように、私たちの脳が「おそらく、最も根本的な社会的な過ちである、他人と違いすぎることに関するシグナルを送信している」ことを示しています[9]。

これは、私たちがなぜ同調するのかを説明するのに役立ちます。同調することは心地よさを感じさせますが、集団からの逸脱の場合には決してそうならないのです。

同調圧力はティーンエイジャーで特に強い

ティーンエイジャーは同調しようとする傾向が特に強いことを知っても、おそらく驚かないと思います。では、なぜそれほどまでに同調が強いのでしょうか？ ひとつの明白な説明は、衝動制御と判断を司る脳の部位である前頭前皮質が、20代前半までは十分に発達していないというものです。[10] つまり、前頭前皮質が成熟していないことが、ティーンエイジャーが衝動的な決断を下し、危険な行動に走りやすい理由のひとつです。それは、ティーンエイジャーが、自分の選択の結果をよく考えずに、仲間の行動を取り入れようとする傾向が特に強いことにも関係します。

しかし、前頭前皮質が相対的に未熟であることが理由のすべてではありません。ティーンエイジャーは、集団に所属することを強く意識しています。彼らは、仲間の服装、態度、マナー、行動を頻繁に取り入れようとします。このような集団規範の遵守は、他の集団と異なるアイデンティティを形成する上で役に立ちますが、心理学者はこのプロセスを「規範的規制（normative regulation）」と呼んでいます。思春期の子どもは、拒絶されることを避けようとして、社会集団に馴染むことを大人以上に気にします。思春期の子どもは、大人よりも、仲間外れにされると気分が悪くなり、社会的に受け入れられると気分が良くなるという研究結果も報告されています。[11]

ティーンエイジャーは、特に、曖昧な状況を解釈するための情報を仲間に求める傾向があります。ある研究は、ロンドン科学博物館の来館者に、赤信号で道路を渡る、あるいは暗い路地を近道するなどの日常的な状況の危険度を評価してもらいました。[12] そして、研究参加者に、大人、あるいはティーンエイジャーの平均的な危険度評価の結果を伝えてから、状況の危険度を再評価してもらいました。実際には、研究参加者に伝えられた評定値は、研究者が無作為に割り当てたものでした。

同調に関する過去研究と同様に、すべての年齢層の研究参加者は、他人の評価に関する情報を受け取った後に、他人の評価と一致するように自分の評価を変えていました。しかし、ティーンエイジャーは、大人よりも評価を変える傾向が強く、その変化はもっと劇的であることがわかりました。具体的には、ほとんどの人は、大人の意見に沿うように評価を調整していましたが、ある年齢層は、この一般的な傾向からは外れていました。それは、12歳から14歳の青少年層で、大人の評価よりもティーンエイジャーの評価に合わせようとする傾向がはるかに強いことがわかりました。自分自身のアイデンティティを形成し定義するプロセスにある若いティーンエイジャーにとって、仲間と馴染むこと、一致することは何よりも大切なことなのです。

残念ながら、一致したいというこのような願望は、生命を脅かすほどの深刻な結果を招くことがあります。テンプル大学の研究者は、青少年（13歳から16歳）、若年成人（18歳から22歳）、成人（24歳以上）を募集してチキン（Chicken）と呼ばれるビデオゲームをプレイしてもらいました。[13] このゲームでは、信号が青から黄色に変わったときに、車を止めるタイミングを判断するように求められました。そして、信号が赤に変わったときに他の車が交差点を通過したときは、衝突事故が起きるリスクが用意されていました。各年齢層の半数は1人でゲームをプレイする条件、残りの半数は他の2人の実験参加者がプレイの様子を見ていて、車を止めるタイミングについてアドバイスする中でプレイする条件でした。その結果、1人でプレイする条件よりも、集団でプレイする条件のほうがリスクの高い選択を多く行うことがわかりました。そして、この効果は、青少年や若年成人ではより大きくなるという知見が示されました。

青少年には、一般的にリスクを取ろうとする傾向が認められますが、仲間に合わせることを気にするあまりに、1人でいるときよりも仲間といるときのほうが、リスクの高い行動をとろうとします。例えば、同乗者がいる10代の少年は、単独で運転している少年と比べて、一時停止標識の無視や許可されていない場所でのUターンなどの違法な運転をする可能性が約6倍、スピード違反や追い越しなどの攻撃的な運転をする可能性が約2倍高くなります。[14] このような危険な運転行動は、男性の同乗者がいるときに一層発生しやすくなります。[15]

なぜティーンエイジャーは社会的な影響を強く受けるのでしょうか？　神経科学者は、思春期の脳が仲間の態度や行動に注意を払うように設計されていることを明らかにしました[16]。この研究者は、思春期のホルモンの変化が、ティーンエイジャーの社会的な情報への集中力を高める脳の生理学的変化をもたらすと推測しています。

ある研究は、ティーンエイジャー（13歳から18歳）にｆＭＲＩ装置に入ってもらい、さまざまな画像を提示しました[17]。そこには、食べ物や人物の中立的な画像もあれば、タバコやアルコールのようにリスクを連想させる画像も含まれていました。各画像には、その画像が他のティーンエイジャーから受けたと思われる「いいね！」の数が表示されました。半分の画像は「いいね！」の数が多く、もう半分はそれが少ない画像でした（実際には、写真の「いいね！」の数は無作為に割り当てられていました）。研究者は、ティーンエイジャーに画像を提示して、その画像が気に入れば「いいね！」を、気に入らなければ「次へ」をクリックするように求めました。その結果、彼らの評価は、同世代の若者の評価に大きく影響されることがわかりました。どちらのタイプの画像でも、「いいね！」が少ない画像よりも、その数が多い画像のほうが、実験参加者が「いいね！」をクリックする傾向が強かったのです。

このような同調傾向は、脳活動にもはっきりと示されていました。ティーンエイジャーが「いいね！」の数が多い画像を見たときに、社会的認知、社会的記憶、模倣に関与する脳の特定の領域（楔前部《けいぜんぶ》、内側前頭前皮質、海馬、下前頭回）が活性化しました。そして、脳の報酬回路の一部である腹側線条体も活性化していました。この結果は、子どもたちがスナップチャットやインスタグラムを利用しているときに、脳で何が起きているのかを物語っています。仲間が好んでいる写真を見たとき、ティーンエイジャーの脳は「注目しろ、これを思い出せ、もう一度やるんだ」「これは良い気分だ」と教えているのです。

しかし、彼らの神経反応は、画像の内容によっても異なっていました。認知的コントロールに関連する脳の領域は、中立的な画像よりもリスクの高い画像を見たときに、その活動が低下していたのです。研究者は、このような認知的コントロールの低下が、ティーンエイジャーがリスクの高い行動をとろうとする傾向を強めると推測しています。

仲間と一致したい、仲間に認められたいという願望は、特に女子で強いことを示唆する証拠も存在します。それは、おそらく思春期の女子は、男子よりも社会的なシグナルに敏感で、社会的相互作用の力学に注目しているからです。[18] 男子は、大きな集団の関係や相対的な優位性に敏感です。女子は仲間からの評価や社会的承認に対する関心が高く、対人関係におけるストレスが全体的に高い傾向が認められますが、これはうつ病や不安症の割合が女子で高い理由のひとつかもしれません。[19]

仲間からの承認に対する感受性の男女差の根底にある神経学的プロセスを調べるために、

米国国立衛生研究所とジョージア州立大学の研究者は、9歳から17歳までの児童と若者を募集してティーンエイジャーのインターネット上のチャットルームの利用に関する研究を行いました。[20] 研究者は、実験参加者にチャットのパートナー候補の写真を40枚見せて、それぞれの相手との交流に対する関心を評価してもらい、パートナー候補を高関心群と低関心群に分類しました。その次に、実験参加者に再度40枚の写真を見てもらい、写真の人物がどの程度自分と交流したいと思っているのかを評価しているときの脳の様子を撮影しました。

その結果、少女たちは自分が他の人からどのように見られているかを強く意識していることがわかりました。年長の女子では、仲間が自分をどのように評価するのかを考えたときに、感情、報酬、記憶、動機づけの社会的処理に関連する脳領域である腹側線条体、島皮質、視床下部、海馬、扁桃体が活性化していました。この活性化の程度は、特に交流したいと思っている仲間が自分についてどのように評価するのかを想像したときに、より大きくなりました。年長の女子の神経反応は、男子の全年齢層よりも大きかったことから、女子は年齢とともに他人から自分がどのように見られているのかを重視するようになることが示唆されました。思春期の女子の複雑な社会的な力学への関心の高まりは、脳の活性化のパターンに明確に示されていますが、この結果は、女子が仲間に注意を払っており、仲間から自分がどのように思われているのかを気にしていることを示しています。

社会的規範の誤解が生むもの

所属する社会集団に馴染みたいと思うのは人間の本性です。ところが、自分が集団から逸脱していると思われるのを避けようとして沈黙する傾向は、集団のほとんどのメンバーが実際には反対している行動が、支持されているかのような錯覚を生み出すことがあります。第3章で説明しましたが、私たちは友人や同僚の行動に内心では同意できないときに、自分の反応を正当化、あるいは自分の反応を形成しようとして、他の人の様子を確かめますが、そのときに現状維持が支持されているように見える場合があります。人々が何を感じているのか、そして人々はどのように行動するのかという2つの事柄が一致しないときに、私たちは現実には存在しない規範に同調しようとします。大学キャンパスでは、存在しない社会的規範を認知する影響と、それが生む結果の鮮明な例を定期的に確認することができます。

多くの大学生は、学内での過度な飲酒を、個人的には不快なものをして感じていますが、友人を含む他の学生は、自分よりもそのような飲酒に慣れていると考える傾向がありま す。[21] 残念ながら、このような多元的無知（第3章で説明しましたが、集団のメンバーの大多数が内心ではある信念をもっていたとしても、それとは異なる信念をメンバーの大多数がもっていると誤解すること）は、大変有害です。学生は、他の学生は大量飲酒を認めているると思い込んでいます。そのため、飲酒を公然と支持したり、パーティーで泥酔したときのことを話そうとしますが、自分が大量飲酒をしなかったときのことは話そうとはしません。このように、人々は広く浸透していると誤解している考えを表明する傾向があることから、「これらの考えが実際よりも一般的で、十分に受け入れられている」と勘違いしてしまうのです。

私は、このような現象が学生たちに認められることを確かめるために、いくつかの研究を行ってきました。そして、学生が実際には信じていない行動への支持を公に表明することで、彼らにどのような影響が生じるのかを調べてきました。このテーマに取り組んだ当初、私は女性のボディ・イメージと体重に対する概念に注目して、広く浸透している大学キャンパスの規範と比較しました。私がプリンストン大学の同僚と一緒に行った研究では、全学年の女子学生に、運動の頻度、運動の動機、現在の身長と体重など、ボディ・イメージと体重に関するさまざまな質問を行いました。[22] そして、女性の容姿が、非常に細い体型（容姿1）から非常に太った体型（容姿9）まで、9段階で描かれたイラストを見せて、自分の理想とする体型に最も近いイラストを選んでもらいました。次に、同じ方法を使って、同じ大学の他の女子学生が理想とする体型についても選んでもらいました。

私たちの研究グループは、女子学生自身の態度や行動が、彼女たちが想定する同世代の女子学生の態度や行動と大きく異なっていることを発見しました。初めに、彼女たちは、平均すると週4時間ほど運動していると回答しましたが、他の女子学生は週5時間半ほど運動していると考えていました。さらに、自分たちはストレスに対処するため、健康を増進するため、スタミナをつけるためなどの内的な理由から運動を行っていると回答しましたが、他の女子学生が運動するのは、魅力的になるため、体重を減らすため、体を引き締めるためなどの外的な理由が動機だと考えていました。

この研究で最も注目すべきは、女子学生は他人の態度や動機を誤解していただけではなく、自分たちの実際の体型についても誤解していたことです。私たちは、女子学生に、自分の身長と体重、そして学内の仲間の平均身長と体重の認知を報告してもらいました。それから、女子学生自身と、同世代の女子学生のBMI（body mass indexという、身長と体重から求める大まかな指標です）（訳注：体格指数、肥満度指数と呼ばれる指標で20から24が標準的とされる）を求めました。その結果、女子学生は自分のBMIを平均22、他の女子学生のBMIを平均20・5と信じていることがわかりました。さらに、女性自身のBMIと他の女性のBMIに対する認知のギャップは、高学年の学生よりも1年生のほうが小さいことも明らかになりました。この結果と同様のパターンが、イラストを使った尺度で女性の理想的な体型を回答してもらったデータからも示されました。1年生は、自分の理想体型と他の学生の理想体型の認知のギャップが小さく（3・1対2・7）、上級生になると、そのギャップがもっと大きくなることがわかりました（3・0対2・3）。

女子学生は学内で過ごす時間が長くなるほど、体型や体格を正しく認知できなくなるという知見は、率直に言って不可解でした。この研究はプリンストン大学で実施しましたが、プリンストン大学では事実上、全学生が学内で生活しており、教室や食堂、ジム、寮などで仲間と定期的に交流しています。そのため、彼女たちは他の女子学生の実際の体型や体格に触れる機会が多く、学内で過ごす時間が増えるほどその評価が正確になるはずです。どうして女子学生は、同級生の体型が自分よりもスラっとしている、そして実情と比べて痩せていると思い込むようになったのでしょう？　そして、この傾向は時間経過とともになぜ悪化したのでしょうか？

その理由はおそらく、私たちの社会では痩せていることが重視されていることに関係します。このため、女性は自分自身の態度が本心を反映したものではないとしても、この規範に沿った態度を公に表明するようになります。例えば、女子学生はどれだけ食べなかったのか（「今日はとっても忙しくてリンゴしか食べられなかったの」）、あるいはどれだけたくさん運動したのか（「ランニングマシーンで45分走ったわ」）を友人との会話で選ぼうとします。一人でオレオ（訳注：クッキーの商品名）を食べてジムに行く気になれなかったときのことや、ヘルシーなエンチラーダ（訳注：スパイスが特徴的なメキシコ料理）を食べてちょっとだけ自転車に乗ったときのことを説明しようとはしません。このように、女性はある種の行動を公に共有して、それ以外の行動は共有しない傾向があるのです。これによって、規範に対する間違った印象が作り出されます。ソーシャルメディアが登場したことで、私たちが研究した当時よりもこの実態は一層悪化しています。

さらに、女性は、痩身規範（thinness norm）に沿った態度を表明するだけではなく、この規範を受け入れていることを示唆する行動を人前でとります。多くの全寮制大学では、女性は人前で何を食べるのかに意識的に注意を向けています（「トレイ注視」として知られる現象です）。女子学生は、サラダ、無脂肪ヨーグルト、ダイエットコーラをトレイに並べていきますが、これは他の人が自分の選択を見ていることを知っている、もしくは想像しているからです。

多くの学生が、他の学生も自分と同じことをしていると気づいていないのは、皮肉なことです。女子学生は、食堂や公共の場で有言実行していても、寮の部屋に戻ればドリトス（訳注：スナック菓子）やアイスクリームを食べてこっそりと楽しんでいます。このとき女子学生は恥ずかしさや孤独を感じますが、他のほとんどの女子学生が同じようにポテトチップスをこっそり食べているとは思わないのです。サラダや無脂肪ヨーグルト、ダイエットコーラだけでは後でお腹が空くことは、自分がよく知っているはずなのですが。

このような誤解は、大学という環境、少なくとも他の女性の食生活や運動行動が人前で露になるような全寮制の学校では、一層強まる可能性があります。この傾向が大学という環境に限定されるのかどうかを調べるために、私は元教え子の一人と一緒に、ほぼ同じ内容の研究を高校生対象に実施しました。[23]この研究では、米国と英国にある男女別学の私立高校3校を対象に、大学生を対象とした研究と同じデータを収集しました。その結果は、大学を対象にした過去研究とほぼ同じでした。高校生は仲間のＢＭＩと体格を小さく評価しており、運動の動機も誤解していることがわかりました。

自分が所属する集団の規範に馴染んでいないと感じることは、たとえそれが錯覚であったとしても大きなネガティブな結果を生む場合があります。自分が痩身規範に同調していないと感じた女性は、理想を満たそうとして、非常に大きな、そして不健康な努力をすることがあります。プリンストン大学の女子学生を対象とした研究と、米国と英国の女子高生を対象とした研究のいずれにおいても、彼女たちが申告した体格と他の女子の体格に対する認知のギャップが大きくなるほど、摂食障害の症状を訴える可能性が上昇することがわかりました。[24]

私たちの研究結果は、他の健康関連行動の研究結果にも反映されています。他の学生は自分よりもたくさん飲酒していると（間違って）信じている学生は、しばしば飲酒量が増えます。[25] そのような学生は大学生活から疎外されていると感じる傾向もあり、その後に大学の同窓会に参加しようとする意欲が低下します。第7章で説明しますが、他の男性がレイプに関する一般的な神話（訳注：俗説のこと）を支持していると信じている男性は、性的攻撃行動をとる可能性が高いそうです。[26] 言い換えれば、人は規範に対する認知を守ろうとして行動を変えますが、その規範の認知は往々にして間違っていることがあります。

規範の認知を訂正する効果

ここまで、人には世間一般に広まっている規範に合わせようとする傾向があることを説明してきました。しかし、良いニュースがあります。同調しようとする意欲は、特定の規範に対する考え方が間違っていると教えることで、行動に良い影響を与えるために利用することができるのです。この方法は、アルコールの摂取やボディ・イメージの正確な情報を生徒や学生に提供して、高校生や大学生の健康を改善するための方法として度々使用されています。[27] 第7章で説明しますが、この方法は、性的暴行の発生率を低下させるためにも利用されています。

規範の誤解を訂正するメリットについて一例を紹介します。プリンストン大学のクリスティン・シュローダーとデボラ・プレンティスは、143人の大学1年生を無作為に割り振って飲酒に関連する社交シーンを描写した7分間のビデオを視聴してもらい、その後、飲酒に関するディスカッションに参加してもらいました。[28] この研究では、一部の学生には、世間で共有されている飲酒規範の誤解に関する情報を提供して、なぜ飲酒が学内では実際よりも一般的だと思われているのか、こうした誤解が学内の飲酒文化にどのような影響を与えているのかを説明しました。他の学生には、大量飲酒の危険性の情報を与えて、責任を持ってお酒を飲むための実践法を提示しました。研究者が半年後に学生を調べたところ、飲酒規範の誤解に関する情報を提供された学生は、健全な飲酒習慣を身に付けることを促されただけの学生と比べて、毎週の平均飲酒量が大きく減少することがわかりました。

私自身が行った研究からも、規範の認知を訂正することで、食生活が乱れる割合を減らすことができるという知見が得られています。私は、教え子の一人であるジェニー・ムターパールと一緒に、大学1年生の女性の乱れた食生活の割合を調べた後に、2種類のパンフレットの一方を読むように無作為に割り当てる研究を行いました。[29] パンフレットのひとつは、健康的な食生活と運動習慣を維持するための一般的な情報を提供する内容でした。もうひとつのパンフレットは、女子学生が仲間の食生活や運動習慣に抱いている一般的な誤解について、すなわち、女性が実際以上に、痩せたい、食べる量を減らしたい、運動したいと思っていることを説明する内容でした。さらに、このような誤解が生じる理由を説明する内容も含まれていました。私たちは、3ヶ月後に研究参加者に再び連絡を取って、どちらのパンフレットが行動に変化を生んだのかを確かめました。

その結果、女性の痩身願望に関する一般的な誤解を取り除くような情報の提示は、少なくとも一部の女子学生には有効であることがわかりました。もともと痩せた容姿を重視していなかった人は、痩身規範の誤解に関するパンフレットを受けとることで、実際の体重と理想体重の数値が大きくなり、乱れた食生活の頻度も減少しました。その女性たちは、学内の他の女性の体重をより正確に認知できるようになり、体重を減らさなければならないというプレッシャーを感じなくなったと考察できます。残念ながら、研究開始時点ですでに大衆紙が売り込む理想的なボディ・イメージの実現に集中していた女性たちには、これらのメリットは、適用されませんでした。彼女たちは、自分の身体を、仲間の身体や雑誌で見たボディ・イメージと積極的に比べていたわけではないと思います。したがってこの結果は、キャンパスの規範について正確な情報を学習するという方法では、このような女性たちの行動に与える影響が少ないことを意味します。

私の最近の研究では、大学生の精神健康に関する誤解、特にメンタルヘルスの問題に悩む仲間の多さを過小評価する傾向と、セラピーを受けることへの社会的スティグマ（訳注：心的、身体的、社会的欠陥とみなされた個人の特性に対するネガティブな社会的態度のこと）を過大評価する傾向を調べました。[30] 私は、教え子のケイト・トゥレツキーと一緒に、大学生を3種類の15分間のワークショップに無作為に割り当てて研究に参加してもらいました。1つ目のワークショップでは、学内のメンタルヘルス・サービスの利用に関する誤解を訂正することに焦点を当てて、この誤解がどのように助けを求める傾向を低下させるのかを説明しました。2つ目のワークショップでは、精神疾患とその俗説に関する一般的な情報を提供しました。3つ目のワークショップは、ストレス・マネジメントを通じたメンタルヘルスの改善に焦点を当てました。それから、3種類のワークショップが大学生の態度に与えた影響を2ヶ月後に評価しました。

その結果、学生は、学内のメンタルヘルス・サービスの利用に関する正確な情報を得ることで明確な恩恵が得られることがわかりました。この1つ目のワークショップは、メンタルヘルスの問題に対して専門家の助けを求める態度を向上させるという側面においては、一般教養型のワークショップと同様に効果があること、ストレス・マネジメント型のワークショップよりも効果的であることが示されたのです。私たちの研究からは、精神健康規範に関する正確な情報を提供することが、実際に援助を求めようとする大学生を増やすことを示す証拠は得られませんでしたが、それは追跡調査期間が2ヶ月と短すぎたことが関係したのかもしれません。行動を予測する上での態度の役割を実証した過去研究の知見からは、これらの学生が将来、精神健康上の問題でセラピーを受けることを、以前よりも厭わなくなる可能性が示唆されます。大学生の自殺が蔓延している状況を考慮すれば、このような行動変容が学生の命を救う役に立つと思います。

部外者の力

これまで説明してきたように、自分が所属する社会集団への同調圧力は非常に強力で、脳の活性化のパターンにも明らかに反映されています。悪事に直面して沈黙する力は、黙っていれば、自分が大切にする教会やフラタニティ、政党などの組織が提供する大きな善行の役に立てると自分自身を納得させたときに一層強くなります。ミルグラム実験のバリエーションでは、実験参加者が研究者の目標に共感したときに、苦痛を伴う電気ショックを与える要求に従う傾向が強かったことを説明しました。このような傾向は、個人的な善悪の感覚を昇華させて、警察から教会に至るまで、自分たちが敬愛する組織を支えようとする結果を生む場合があります。

悲しいことですが、集団のメンバーの悪事を無視する、あるいは積極的に隠蔽しようとする決断は珍しくありません。私たちは、カトリック教会の性暴力スキャンダルでそれを目の当たりにしました（訳注：2002年に米国で明るみになったカトリック教会の聖職者による児童への性的虐待問題のこと）。大陪審の報告書には、70年の間、300人以上の神父が1000人以上の子どもたちに性的虐待を加えていたことを、ペンシルベニア州の教会指導者たちはどのように見て見ぬふりをしていたのかが説明されていました。この報告書では「神父たちが少年少女をレイプしていたにもかかわらず、監督責任がある『神に仕える者』は、何もしなかったばかりか、何十年もの間、すべてを隠蔽していた」、そして「教会指導者たちは、性的虐待者とその組織を守ることを何よりも優先した」と記されています。[31]同様のケースを、何百人もの若い女性を虐待した米国体操チームの医師によるラリー・ナサール事件（訳注：米国体操連盟性的虐待事件）でも目の当たりにしました。体操選手として初めて虐待について公に語ったレイチェル・デンホランダーは、ニューヨーク・タイムズ誌に「捕食者（訳注：児童に対する性的虐待者を表現する言葉として使用されることが多い）は被害者を沈黙させて、自らの権力を維持するために地域社会の保護を頼りにしています。政党、宗教団体、スポーツ、大学、あるいはコミュニティの有力者との関係を気にして、私たちは被害者のことを信じない、あるいは被害者から目を背けるという選択をすることがあまりにも多いのです」と語っています。[32]

自分が所属する集団のメンバーに対して非難の声をあげないという知見は、なぜ実際に行動を起こす人物に部外者が多いのかを説明します。

本章の冒頭で、ティモシー・ピアッツァが経験したフラタニティでの新入生いじめと、そのメンバーが示した一般的な配慮の欠如について説明しました。ところが、それだけではあの晩に起きたことを完全に物語ってはいません。

ティモシーの死後、ビデオテープが調査されて、学生の一人だったコーデル・デイヴィスが他のメンバーに助けを求めるように懇願していたことが明らかになりました。コーデルは、ABCニュースに「私はパニックになりました。ティムは転落して、ソファーに横たわっているだけでした。転落した彼に必要なのはソファーではなく、病院です。私たちは救急に連絡するべきでした」と述べています。[33] コーデルは、まだ1年生だったため、彼のたび重なる懇願は先輩たちに無視されました。彼は壁に押し付けられて、過剰反応だと非難され、状況はコントロールされていると告げられました。

あの夜、コーデル・デイヴィスがフラタニティの先輩たちに恥をかかされて、嘲笑されるリスクを冒してまで、ティモシーのために救いの手を差し伸べようとしたのはどうしてでしょう？　その一因には、コーデル自身がその年の初めにフラタニティのパーティーの最中に転倒して重傷を負った、という経験が関係するのは間違いありません。頭にけがをして大量出血したにもかかわらず、誰も救急に連絡しませんでした。そのため、彼はフラタニティのイベント中にけがをしたという共通の経験から、ティモシー・ピアッツァに強く共感したのだと思います。

もうひとつの要因も考えられます。コーデルは、フラタニティで唯一の黒人会員だったため、自分を若干部外者のように感じていたのかもしれません。これは、彼が同調圧力をあまり感じなかったことを意味します。彼が助けようとしたことで、ティモシーの命が救われたわけではありません。しかし、そのことが集団圧力を克服する要因のひとつだという証拠を提示しています。人々の行動は何によって促されるのかという問題については、本書の終わりに位置する2つの章で再度考察します。

次の章からは、沈黙と不作為が蔓延している、学校、大学、職場という3つの環境を取り上げて、人々が声をあげることを妨げる要因は何か、どのような変化やトレーニングが違いをもたらすのかを検討します。

Discover
ディスカヴァー・トゥエンティワン
39周年の「サンキュー!」を込めて
Thanks!
from Discover
プレゼント
企画
実施中!
全員もらえるプレゼント
&
豪華抽選プレゼント
詳しくはこちらから

第 2 部

いじめと傍観者

Bullies and Bystanders

第６章　学校でいじめに立ち向かう方法

２０１７年６月14日、ニュージャージー州コープランド中学校の６年生（訳注：米国は州によっても異なるがここでは中学１年生に相当）であるマロリー・ローズ・グロスマンが、両親と３人の兄弟、そして拡大家族（訳注：子どもたちが結婚後も親と同居する大家族のこと）の人々を残して、自殺によって亡くなりました。[1] 自殺には多くの要因が関係しますが、ネットいじめが大きな役割を果たしたことは明らかでした。彼女のクラスメートは、何ヶ月も執拗に、テキスト、インスタグラム、スナップチャットで、「お前は負け犬で友達がいない」というメッセージを彼女に送りつけました。自殺を勧めるメッセージまでありました。

信じがたいことですが、マロリーの体験は決して珍しいものではありません。メンタルヘルスの不安から入院したティーンエイジャーを対象にした研究によると、いじめを受けた経験が自殺念慮と強く結びついていることが判明しています。言葉によるいじめを受けたことのあるティーンエイジャーは、自殺を考える可能性が８・４倍高く、ネットいじめによる場合は11・５倍に跳ね上がったそうです。[2]

いじめは、学校生活で不可避なもののように思えるかもしれませんが、そんな必要はありません。本章では、いじめに関与する心理的要因と、そのような行動に立ち向かえる子どもの心理的要因について調べます。そして、マロリーの死の原因になったいじめをなくすために、親や学校が学校文化を変えるための方法についても検討します。

いじめについての理解と誤解

息子のアンドリューが10歳か11歳頃のことです。ある日、彼がホッケーの練習から帰ってくると、チームメイトの一人が別のチームメイトをたびたびいじめていることを打ち明けてきました。私はアンドリューに、そのいじめっ子に向かってやめろと言ったのかを尋ねました。アンドリューは私の質問に愕然として、口出ししたくなかったんだと言いました。息子はどうして口出ししなかったのでしょう？　それは、自分がいじめのターゲットになるのが嫌だったからです。

同じストーリーは、ロッカールームや運動場、スクールバスの中で日常的に繰り広げられています。アンドリューは、チームメイトのやっていることが間違っていると知っていましたが、自分が直面する可能性がある結果を恐れて、いじめっ子に立ち向かう勇気がありませんでした。いじめに関する研究によると、いじめに居合わせた生徒のほとんどはその様子を消極的に眺めていること、介入しようとする生徒よりも積極的にいじめに加わる生徒のほうが多いことが報告されています。[3]

ヨーク大学の研究者は、トロントにある小学校の遊び場で、5歳から12歳の子どもたちのやりとりをビデオで録画しました。[4] それから、53件の明確ないじめエピソードを抽出して、他の子どもたちがどのように反応したのかを調べました。その結果、ほとんどのいじめは、他の子どもたちがいたところで起きていたことがわかりました。そのエピソードの80％で、最低でも1人、平均すると4人の子どもたちが、いじめが起きているところを目撃していました。半数以上（54％）のケースでは、子どもたちはいじめの様子を消極的に眺めていました。21％のケースでは、他の子どももいじめっ子に加わって、身体的、あるいは言葉による何らかの攻撃を行っていました。年長の男児（4年生から6年生）は、年少の男児やすべての年齢の女児と比べて、積極的にいじめに加わる傾向が示されました。

いじめを止めようと、あるいは思いとどまらせようとして介入した子どもがいたケースは、全体のわずか25％でした。女児と低学年の男児（1年生から3年生）は、高学年の男児よりも、いじめに介入する傾向が強いことがわかりました。この研究は、介入率に年齢差や男女差が生じる要因を直接調べているわけではありません。しかし他の研究によれば、いじめの被害者に対する子どもの共感性は年齢とともに低下すること、女児は男児と比べて、いじめに気づいてそれを緊急事態と解釈し、介入する傾向が強いことが報告されています。[5]

いじめっ子は社会的な序列の上位にいる場合が多いため、他の子どもたちがいじめのターゲットを支援する、あるいはいじめっ子と対決することに消極的になるのは驚くことではありません。ロサンゼルスの中学生を対象とした研究によると、いじめ行動は、子どもの社会的な地位と人気を高めること、同級生から「一番クールだ」と見なされている子どもほど、攻撃的な行動をとりやすいことがわかりました。ＵＣＬＡ（訳注：カリフォルニア大学ロサンゼルス校）で心理学を教えるヤーナ・ユボネン教授は、この状況について「クールな者はより多くのいじめを行い、より多くのいじめを行う者はクールだとみなされる」と要約しています。[6]

いじめが続くのは、「同級生はそのような行動を良いと思っている」と生徒たちが信じているからです。多くの生徒は、他の生徒がいじめられているところを見ると黙って震え上がりますが、第2章で説明した誤ったロジックに従って、他の生徒の沈黙を無関心、あるいは黙認していると誤解します。ウィリアムズ大学のマレーネ・サンドストロームとその研究グループは、４４６人の4年生と8年生を対象に、いじめに対する自分の態度と、同級生の態度に関する認知を尋ねました。[7] そして子どもたちに、いじめを目撃したときの対応の仕方についても質問しました。予想通り、生徒たちは同級生がいじめに反対していることを過小評価しており、自分自身は個人的にはいじめに対してネガティブな態度（いじめを悪いこととして捉え、いじめっ子に立ち向かった生徒を尊敬する）を同級生よりももっていると考えていることがわかりました。

そして、このような自分と他人に対する認知のギャップは、4年生よりも8年生のほうが大きいことも明らかになりました。これは、同級生がいじめに反対していることを過小評価する傾向が10代で強まることを示す他の研究結果と一致しています。同級生が自分よりもいじめを肯定していると考える生徒は、いじめの被害者をかばう傾向が弱まり、いじめに加わる傾向が強まります。いじめに消極的に対応する傾向も、年齢が上がるにつれて強まりますが、これはティーンエイジャーになると仲間から逸脱することが社会的にどのような結果を生むのかを一層心配するようになるためです。[8]

研究者は、同級生がいじめを止めるために介入すると信じている生徒ほど、いじめに介入する傾向が強いことを発見しました。[9] 実際、５０００人以上の中高生を対象とした研究では、生徒自身が報告した自分が介入する信念よりも、社会的規範の認知のほうが、いじめに対する介入意思を強く予測する因子だったことを明らかにしています。[10] これらの知見は、集団に逆らって社会的にネガティブな結果を招くことよりも、集団の価値観に同調した行動をとることのほうが、はるかに容易であることを示しています。

いじめと規範に関する研究結果は、いじめを減らすための最も効果的な方法はいじめの悪影響を強調することではなく規範に正面から取り組むこと、つまり、同級生がいじめに対して感じている正確な情報を生徒たちに教えることの有効性を示唆しています。たくさんの生徒が、いじめっ子に立ち向かえば社会的な拒絶を受けるのではないか、見聞きしたことを報告すれば「密告者」とみなされるのではないかと心配しています。本心とは違う行動をとる人間の心理やその原因を説明し、「同級生はいじめを気にしていない」と想像してしまう理由を理解できるようにサポートすれば、生徒たちは一般的な規範により、正確な信念を形成できるようになるはずです。また、他の生徒がいじめに反対していること、いじめっ子に立ち向かう人を同級生が尊敬していることを理解した生徒たちは、いじめに立ち向かう力が湧いてくるでしょう。

立ち向かうことができる生徒

2007年秋、ノバスコシア州の小さな町にあるセントラル・キングス・ルーラル高校に通う9年生（訳注：高校1年生に相当）の男子生徒が、高校入学初日にピンクのシャツを着ることを選びました。この選択はうまくいきませんでした。何人かの生徒が彼のことをゲイ呼ばわりして、「殴るぞ」と脅したのです。デイビッド・シェパードとトラヴィス・プライスという2人の12年生（訳注：高校の最高学年）がいじめの話を聞いて、それを止めるために何かをしようと決意しました。そのことについて、デイビッドは「もう十分だと思ったんだ」と語っています。[11] 2人は「ピンクの海」というものを組織しようとしました。彼らは、地元のディスカウントストアでピンクのシャツを50枚購入して、いじめ防止キャンペーンについて説明したメールをクラスメートに送信し、翌朝の始業時にシャツを配りました。いじめられていた生徒が登校すると、彼は、そこで何百人の生徒たちがピンクのシャツを着ている光景を目にしました。トラヴィスは、いじめられていた少年の反応について「ついに、誰かが弱い子のために立ち上がったんだ……。彼の肩の重荷が下りたように見えました」と述べています。デイビッドとトラヴィスの介入は、はっきりとした変化をもたらしました。その後、いじめについて耳にすることはなくなったのです。

このストーリーは、いじめっ子に立ち向かう生徒に関する研究で一貫する知見を示しています。それは、同級生からのサポート、教師からのサポート、社会的なスキルの組み合わせを含む、ある種の社会資本をもつ生徒がいじめっ子に立ち向かうことができるという知見です。6年生を対象としたいじめに関する研究によれば、いじめの被害者をかばう生徒は、大抵、高い地位に就いている生徒だったそうです。[12] デイビッドとトラヴィスが行動を起こした具体的な原因は不明ですが、彼らは上級生だったため、高校で特権的な地位に就いていました。このような生徒は、学校での社会的階級における自分の地位がすでに確立していることから、行動を起こすことで生じる報復や人気の低下などの結果を気にするることがあります。

ことがありません。この社会的な地位への安心感が、いじめっ子に立ち向かう勇気を与えるのです。

ここで、あなたは、この「人気のある子はいじめっ子に立ち向かう」という知見を、本章の前半で説明した「いじめっ子には人気がある傾向がある」という記述内容と整合させたいと思うかもしれません。カリフォルニア大学デービス校のロバート・ファリスとペンシルベニア州立大学のダイアン・フェルムリーによる研究は、この問題を検証しました。[13]
彼らは、ノースカロライナ州の19の中学校と高校に在籍する3500人以上の生徒を対象とした縦断的研究（訳注：同一の対象者を一定期間継続的に追跡して、いくつかの時点で測定を行うことで変化を調べる研究のこと）のデータを使用して、いじめと生徒の地位との関連性を調べました。この研究のいじめには、殴る、突き飛ばすなどの身体的行為に加えて、噂を広める、悪口を言うなどの微妙な行動も含まれていました。

はじめに、良いニュースから説明します。データを収集した3ヶ月間、3分の2の生徒はいじめを受けていませんでした。

次に、あまり良くないニュースを説明します。生徒の学校での社会的階級が中位くらいから上位95％くらいになるまで、同級生からいじめられる確率が25％以上増加することがわかりました。ところが、生徒の社会的階級が上位95％以上になると、いじめの割合は大幅に低下しました。この研究結果はどのように説明できるのでしょうか？ 研究者は、生徒たちは社会的な地位や権力を得るために、あるいは少なくともそれを維持するためにいじめを利用している、特に（ある程度）人気のある同級生をいじめることでそれを行っていると考察しました。学校での社会的階級のトップに立てば、生徒はもはや自分の地位を守る必要はなくなります。この研究論文の筆頭著者であるロバート・ファリスは「地位がお金のようなものだとすれば、学校での社会的階級のトップにいる生徒はビル・ゲイツのような存在だと思います。その地位は安泰です。すでにトップに立っているので、社会的階級をあげるために権謀術数を繰り広げて同級生を苦しめる必要はありません。そして、ライバルが存在せず、自分は手の届かない地位に就いていることから、被害者になることもないのです」と述べています。[14]

いじめ防止活動家のロブ・フレネットの言葉を借りるのならば「いじめは社会的なツールになりがち」です。[15] 最上位の社会的な地位にいる数少ない生徒だけが、自分の人気に自信を持っており、それゆえに、いじめられている生徒のためにリスクを冒して立ち上がることができるのです。こうした親切な行いは、彼らの社会的な地位を一層確固たるものにするのかもしれません。

いじめっ子に立ち向かおうとする意欲を予測する要因として、その他に何が考えられるのでしょうか？ それは自信です。自己効力感が高い人、つまり自分の目標を遂行できる自信がある人ほど、いじめの状況に介入する可能性が高いのです。[16] これはそれほど驚くことではありません。社会的な自己効力感には、集団の中で意見を表明する自信や友達を作る自信などが含まれます。これは、特に、いじめを受けている同級生をサポートしようとするティーンエイジャーの若者の意欲を予測する重要な因子です。いじめを必ず止められると確信している生徒は、行動を起こしやすいはずです。また、自分に自信がある子どもは、自分がいじめのターゲットになる心配も少ないのかもしれません。

イースタン・イリノイ大学の研究者は、いじめの被害者をかばった経験がある中学生に共通する要因を調べました。[17] この研究では、300人近くの生徒を対象に、過去30日間に他の人をかばった経験があるのかを尋ねて回答を得ました。そして、コミュニケーション、自己主張、共感など、自分の社会的スキルへの自信を評価するように求めました。その結果、同級生からより多くのサポートを受けていると感じていた生徒は、いじめの被害者をサポートしようとして介入する頻度が多いことがわかりました。このような生徒は、悪事に立ち向かうことによる社会的なリスクが少ないため、いじめっ子に対して非難の声をあげることに抵抗感をもたないのかもしれません。

つまり、いじめに立ち向かった生徒のもうひとつの特徴は、自分の社会的なスキルに自信を持っていたことでした。これは道理にかないます。いじめに立ち向かうのは容易なことではありません。実際、いじめに立ち向かうには、被害者に共感する能力、いじめっ子に対して自己主張的に行動する能力、嘲笑をかわす能力、いじめをやめさせる理由を効果的に伝える能力など、さまざまなスキルが要求されます。

いじめを減らす方法

私の３人の子どもは全員「他の仲間を優先しよう」をモットーにするサマーキャンプに参加しました。このキャンプには「電子機器禁止」のポリシーを含む、素晴らしいポイントがたくさんあったのですが、少なくとも私にとってはこのモットーがハイライトのひとつでした。このモットーは、親に向けたマーケティングで使われる標語ではなく、子どもや青少年が他者の視点に立つことを支援するというこのキャンプの決意を如実に表していました。最も効果的ないじめ防止プログラムは、まさにこのような風土を作り出そうとします。生徒たちは、互いに真の共感を覚えることで、いじめに加担することを避け、そのような行動を目撃したときは声をあげるようになります。

子どもがいじめっ子に立ち向かうためのツールや素質を身に付けるために、親や学校ができる方法について考えてみましょう。映画『ショコラ』（訳注：２０００年の米国・英国の映画）

では、小さな村に新しくやってきた若い神父ペール・アンリが、前任者が好んでいた対立を生むメッセージとは対照的に、人々をひとつにする復活祭の説教を行います。アンリ神父の「人間の価値とは、何を禁じるかによって決まるものではありません。何を否定し、何に抵抗し、誰を排除するのかによって決まるものでもありません。人間の価値とは、何を受け入れ、何を創造し、誰を歓迎するのかで決まるものなのです」という言葉は、他者を排除することから受け入れることへ、人々が価値観をシフトする大きなメリットを見事に捉えていると思います。いじめがなくなった、あるいは少なくとも激減した学校では、このインクルージョン（訳注：包容や包摂と訳されることが多く、教育においては、国籍や人種、言語、性別、宗教、障害等にかかわらず、すべての子どもが共に学び合う学校教育の在り方のこと）とポジティブ・アクション（訳注：社会的・構造的な差別による不利益を積極的に是正する措置・取り組みのこと）の考えに沿った理念と学校文化が醸成されています。

傍観者介入研修プログラムを実施する

いじめは、あまりにもたくさんの学校で蔓延していますが、不可避なものではありません。包括的ないじめ防止プログラムを実施した学区では、大幅な改善が認められます。12の学校を基盤として、幼稚園から12年生までの約1万3000人の児童生徒が参加したいじめ防止プログラムを分析した研究からは、傍観者の役割を特に取り上げたプログラムが、児童生徒の介入行動の増加につながったことが報告されています。[18]

ベルリン工科大学の研究者は、構造化された傍観者介入研修プログラムを受講した22クラスと、受講しなかった26クラスを比較することで、ルクセンブルクの5～7年生のクラスにおけるいじめの発生率への影響を調べました。[19] その研修は、傍観者の不作為の危険性を説明し、共感と社会的な責任を育て、実践的な活動やロールプレイ（訳注：実際の場面を想定して、その中で自分の役割を演じて疑似体験することでスキルを身に付ける学習方法）を行うことで、攻撃的な行動への対応の仕方を教えるものでした。はじめに、クラス担任が16時間の研修コースを受講してから、毎週2クラス、合計すると16時間から18時間に設計された研修を子どもたちに実施しました。

研修の前後で、生徒たちは、言葉による攻撃、身体的攻撃、人間関係による攻撃を目撃した頻度を回答しました。また、さまざまなシナリオを用いて、いじめを目撃したときの自分の介入意思に関する質問も受けました。その一例は「あなたは、学校の校庭に気晴らしにやって来たとします。そうすると、同い年の男の子が一人だけで校庭に立っていました。そこに突然、一人の男の子がやってきて、その子のことを突き飛ばし始めました。その子は何度も倒れたのですが、身を守ろうとはしませんでした。その子が立ち去ろうとすると、もう一人、別の男の子がやってきて、突き飛ばされた男の子を押さえつけて激しく殴り始めました」というものでした。研究者は、教師が授業中に実際にこの教材に費やした時間（2～4時間しか費やさなかった教師もいれば、13～18時間も費やした教師もいました）を評価しました。さらに、教師が研修マニュアルに記載された内容をどの程度カバーできたと感じたのかについても調べました。

はじめに、良いニュースから説明します。より長く、より詳細な研修プログラムを受講したクラスの生徒たちでは、3ヶ月後の追跡調査で、いじめの被害率が減少したことがわかりました。このクラスでは、いじめを目撃した際に無視する、その場を立ち去ったりするなど、消極的に傍観していたことを報告した生徒も少なくなりました。

次に、あまり良くないニュースを説明します。生徒たちは、長時間の研修を受講したとしても、実際にいじめっ子に立ち向かえるようにはなりませんでした。残念ながら、この結果は、いじめっ子の悪事に異議を唱えることが生む社会的な、そしておそらくは身体的な結果に対して、リスクを冒すことの難しさを示しています。

勇気づけられるニュースもあります。研修プログラムは、いじめの前兆となりがちな微妙な攻撃や威嚇を対象とすることで、一層効果的になることが示唆されました。からかい、悪口、噂の流布、仲間外れにするような雑談など、このような人間関係の攻撃は、生徒にとって身体的ないじめと同程度の苦痛を与えますが、教師や生徒は、この攻撃を特に有害なものとしては捉えていないことがあると思います。

ウィチタ州立大学とワシントン大学の研究者は、リスペクトへの歩み（Steps to Respect）と呼ばれる、いじめ防止プログラムの効果を調べました。このプログラムでは、悪意のある噂話や社会的排斥などの微妙ないじめに抵抗することの重要性が強調されていて、生徒と教師の双方を対象にした、人間関係による攻撃性を目撃したときの対応の仕方に関する研修が含まれていました。[20] 生徒は、仕返しが往々にして悪事をエスカレートさせる可能性があること、そのためいじめっ子に「やめなさい」と積極的に伝えることが良い選択であることを教わりました。そして「いじめの傍観者は、実際に起きていることに反対しているつもりでも、いじめっ子を支持していると誤って示しているときがあることを理解するように」と教えました。この研究では、秋の10週間とプログラム実施後の春の10週間、シアトル地域の6つの小学校の運動場の様子を記録・観察し、「お前のクラスにばい菌女子はいる？」「ダンが試験でカンニングをしたって聞いた？」など、他の生徒への誹謗中傷行為をすべてカウントしました。

分析の結果、研究者は、とても心強い知見を得ることができました。悪質な噂話が全体で72％も減少したのです。この結果は、陰口が234件、生徒がターゲットになっていた噂が270件減ったことを意味していました。したがって、低レベルのいじめに対応するように子どもを促すことには、より明確ないじめに効果的に対応できる（そして積極的に対応できるようにする）スキルを身に付ける上で有用です。そうすることで、仲間外れにされたと感じる生徒を学校から減らし、いじめが少ない学校風土に変わる可能性があります。

学校文化を変える

ここまで、主にいじめに立ち向かおうとする人を抑制する社会的規範の役割に焦点を当ててきましたが、社会的規範は悪事自体を減らすために利用することもできます。ホバート・アンド・ウィリアム・スミス大学のウェスリー・パーキンスとその研究グループは、ニュージャージー州にある多様な公立中学校5校を対象に、いじめ規範（bullying norm）を変えるためのポスターキャンペーンを実施しました。[21] はじめに、これらの学校の生徒は、いじめの蔓延とクラスメートがいじめについて考えていること、そのどちらも一貫して誤解していたことがわかりました。つまり、生徒たちは、いじめを促す慣習や実際のいじめについて、現実よりも当たり前のものとして捉えていました。そして、いじめ規範を一般的なものと信じている生徒ほど、いじめを肯定する態度をとること、いじめに関与する傾向が強いことも示されました。

次に、このような誤解に対抗するために、研究者は、各学校の至る所に生徒たちがいじめに対して実際にどのように感じているのかを示す大きなポスターを掲示しました。ポスターの情報は単純明快でした（ここでは、学校名を○○に置き換えています）。

・〇〇中学校のほとんどの生徒（4人中3人）は、誰かをグループから仲間外れにして、嫌な思いをさせるようなことはしません。
・〇〇中学校の95％の生徒は、意地悪なからかいをしたり、人を傷つけるような言葉で他の人のことを呼称したり、他の生徒に関する心ない話を広めたりしてはいけないと答えています。
・〇〇中学校のほとんどの生徒（10人中8人）は、自分や他の生徒が学校でいじめられているときは、教師やカウンセラーに相談すべきだと考えています。

これらのポスターの掲示後に収集されたデータから、このシンプルないじめ防止策には、いじめ行動や、生徒がいじめを受けたと感じる報告を減少させるという大きなプラスの効果があることが明らかになりました。この変化は、ポスターを見たことを覚えている生徒が多い学校で最も顕著でした。ポスターを見たことを覚えている生徒が最も多かった学校ではいじめがおよそ35％減少し、ポスターを見たと答えた生徒が最も少ない学校では26％減少したことがわかりました。これらの知見は、学校でのいじめを減らす方法のひとつは、同級生がいじめをどのように考えているのか、それに対する生徒の認知や態度を変えることだと示唆しています。

学校内の社会的規範は、厳選された少数の生徒だけを対象にしたオーダーメイド型の研修プログラムによっても、変えることが可能です。プリンストン大学、ラトガース大学、イェール大学の研究グループは、学校内で特に影響力をもつ生徒、いわゆる「ソーシャル・インフルエンサー」をトレーニングすることが、いじめ規範を変えるのに有効なのかを調べました。[22] 研究グループは、これらの生徒にいじめに反対する強い態度をもたせることができれば、同級生の態度や信念を彼らが形成できるだろうと考えました。

この研究では、ニュージャージー州の中学校を無作為に割り振って、ルーツ（Roots）と呼ばれる生徒関係をベースにしたいじめ防止プログラムを、学年の始めか終わりに受講してもらいました。研究者は、社会ネットワーク分析を使用して、学校の他の生徒とのつながりが最も多い子どもたちを特定しました。その子どもたちとは、一番の人気者というよりも、他の生徒たちと最も広くつながっている生徒でした。その結果、最も影響力のある生徒は、社会的に成熟したネットワークにつながっていること、そして裕福な家庭環境で育っていることがわかりました。

次に、生徒同士の対立を管理するための研修と学校全体のメッセージング・キャンペーンのサポートを趣旨としたルーツ・プログラムに、各校のソーシャル・インフルエンサーの生徒22人から30人を招待しました。ルーツ・プログラムは、個人の主体性に重点を置いており、招かれた生徒たちは、いじめ防止キャンペーンの素材となるテンプレートが与えられて自分たちでデザインすることが求められました。あるグループは、寛容さを強調するためにインスタグラムで「#iRespect」というハッシュタグを作成して、このハッシュタグが描かれたカラフルな看板を、学校中に掲示することにしました。別のグループは、「ルーツ」のロゴが入ったカラフルなゴム製リストバンドを製作しました。そして、ルーツに参加したメンバーは、争いを止めようとしていたり、人助けをしている他の生徒を目撃するたびに、その生徒に「あなたが素晴らしいことをしているところをルーツの生徒が見つけました」と記されたタグ付きのリストバンドを渡すことにしました。さらに別のグループは、1日限りのルーツ・デーを企画して、ポスターやリストバンド、景品を通じてルーツを宣伝しました。そして、「学校で誰かのために何か良いことをする」という文書に署名してほしいと生徒たちに呼びかけました。これらの活動はすべて、生徒たちをひとつにまとめて、ポジティブな行動を示すことのメリットを強調するものでした。

年度の終わりに、ルーツ・プログラムを実施した学校と実施しなかった学校の生徒の争いの割合を比較した結果、このプログラムは大成功を収めたことがわかりました。ルーツ・プログラムでは生徒の10％程度にしか研修を行なわなかったにもかかわらず、プログラムの実施校では、生徒の争いや懲戒処分の割合が30％も減少したのです。この研究を主導したプリンストン大学のエリザベス・パラック心理学教授は、「メッセージを広めるために、情報通である特定の人物をターゲットにすることは有効です。このような人々、つまりあなたがターゲットとすべき社会的な参照者（訳注：社会的な理解の参考になる人物）は、同級生たちに注目されています。そんな生徒たちの行動は、そのコミュニティで、何が普通で、何が望ましいのかを示すシグナルになるのです」と述べています。[23]

ルーツ・プログラムのもうひとつの優れた点は、いじめ防止のメッセージを全生徒に届ける必要がないため、他の方法よりも学校側が実施しやすいことです。その代わりに、このプログラムでは厳選した比較的少数の生徒（生徒数の5％から10％程度）に研修を実施し、その生徒たちに全校的なメッセージを作成してもらい、伝達してもらいます。

同様のアプローチとして、あるコミュニティで好感を持たれている少数の人々に、メッセージを伝える研修を受けてもらう方法があります。この方法には、安全な性行動や偏見の減少など、他のタイプの社会的な変化を促進する効果があることが示されています。[24]

キヴァ・プログラムを取り入れる

クールな子どもたちに「いじめは格好悪い」と思わせることができれば、学校文化を好転させることは可能です。ここで紹介する方法は、いじめそのものに対処するアプローチではありません。それは、ただ親切にする方法です。

いじめを減らす最も有名なプログラムのひとつに、フィンランドで開発されたキヴァ・プログラム（KiVa program）があります（フィンランド語でKiusaamista vastaanというフレーズには「いじめに対抗する」、kivaには「ナイス」という意味があります）。このプログラムは、ディスカッション、グループワーク、短編映画などを含んでおり、生徒の共感力、自己効力感、いじめに反対する態度を高めることで、ネガティブな傍観者の行動を減らして、擁護者としての行動を増やすように設計されています。

生徒の共感的感情を高めるためのロールプレイング体験や、特定の状況下で生徒がどのように介入するのかを考えさせるコンピューターゲームやシミュレーションもあります。例えば、生徒たちは漫画のアバターを操作して、さまざまないじめの場面に遭遇して、どのように行動するのかを選択しなければいけません。あるときは、ある生徒がロッカーに別の生徒を押し込んでいるのを目撃した場面を想像してもらい、自分の対応を説明することが求められます。また、転校生が友だちを作ろうとしていたときに、自分だったらどうするかを考える課題も含まれています。

このような方法を用いることで、生徒たちは、さまざまな選択肢を試すことができます。そして、将来いじめが起きたときの対処法を知ることで、自信を身に付けて、いじめの被害者への共感とサポートを育むことができるようになるのです。

最も重要なのは、このプログラムには効果があるというポイントです。実際、世界の53のいじめ防止プログラムを対象としたメタ分析の結果によれば、キヴァ・プログラムは、最も効果的なプログラムのひとつでした。[25] 具体的には、このプログラムを実施していない学校の生徒は、実施している学校の生徒と比べて、いじめの被害経験を報告する割合が2倍近くも高いことがわかりました。このプログラムはフィンランドでスタートしましたが、現在ではイタリアやオランダ、英国、米国などでも広く使用されています。

キヴァ・プログラムは、メンタルヘルスの向上にも有用です。フィンランドの77の小学校に通う7000人以上の生徒を対象とした研究は、キヴァ・プログラムを利用している学校と、いじめを減らす方法についてある程度の情報を提供しているが包括的な方法ではない学校との間で、生徒の自尊心と抑うつの程度の比較を行いました。[26]

その結果、キヴァ・プログラムは自尊心の高さ、抑うつの低さと関連しており、特にいじめの被害経験が多い生徒にメリットがあることがわかりました。

これは予想外の結果でしたが、研究者は、このプログラムが教師のいじめ対処能力を向上させるだけではなく、生徒のいじめの被害者に共感し、被害者のために立ち上がる能力を向上させる効果があること、それによって被害者の生徒たちは学校環境で支えられていると感じるようになるのではないか、と考察しています。

この研究論文の筆頭著者であるヤアナ・ユボネンは「素晴らしいのは、この学校全体のプログラムが、サポートを最も必要としている子どもたちにとって非常に有効なことです」

と述べています。[27]

強い人間関係を構築する

生徒と教師との間に強い絆を育むことは、もうひとつの効果的ないじめを減らす方法です。大人に支えられていると感じている生徒は悪事を報告する傾向が高まるため、職員や教師の早期介入が可能になります。[28] また、教師が自分を支え、励まし、受け入れてくれていると感じている生徒ほど、いじめの被害者を守ろうとする傾向が高まります。[29] したがって、学校は、教師が生徒との間に温かく思いやりのある関係を築けるようにサポートすることを優先すべきです。

大人が悪事を無視したり見過ごしたりすると、生徒はそれを報告する理由がない、つまり誰もいじめを止めるために行動してくれるとは思えないと感じてしまいます。そして、いじめっ子は、いじめを続ける力を得たと感じてしまうのです。[30] いじめは当たり前の規範で10代前半の生活にはつきものだと考えている教師は、いじめに介入する可能性が低下します。このような態度は、生徒たちにとっては不作為の見本になります。[31] その結果、生徒たちはもっと多くのいじめを経験します。いじめの被害者は自己主張すべきだと考える教師は、生徒が被害者に共感しにくく、被害者に介入しようという気にさせないような教室の雰囲気を醸成します。このように、いじめに対する教師の考え方は、良くも悪くも学校全体に波及効果をもたらします。

学校文化が、いじめについての生徒の対応の仕方にどのような影響を与えるのかを示す鮮明な例があります。ある研究は、米国南東部の中・低所得層の公立学校に通う6年生と9年生を対象に、家族、同級生、教師との関係についてのデータを収集しました。[32] 研究者は、生徒に、ネットいじめ、社会集団からの拒絶、からかいや意地悪な噂話など、何らかの攻撃的な行為を描写した8種類のシナリオを読んでもらいました。生徒は各シナリオについて、その行為がどの程度許容できるのか、また、介入することがどの程度許容できるのかを評価するように求められました。さらに、それぞれの行為にどの程度反応するのか、そして自分だったらどうするのかを予想することも求められました。

生徒は、攻撃的な行為をとった相手と直接対決することを選ぶのでしょうか？ それとも、その場を立ち去ることを選ぶのでしょうか？ この研究では、生徒は、家族や学校に関する質問にも答えました。それは、家庭にはたくさんのルールがあったのか、家庭のルールを破ったらどうなったのか、教師のことを好きだったのか、生徒は学校で公平に扱われていたのかなどについての質問でした。

生徒の人間関係は、いじめについての生徒の対応の仕方に大きく影響しました。教師から差別されている、あるいは同級生から仲間外れにされていると感じていた生徒は、いじめに介入して被害者を助けるとは答えずに、いじめを無視すると回答する傾向が強いことがわかりました。一方、教師との関係を良好に感じていた生徒は、いじめに立ち向かうと回答する傾向が強いことがわかりました。

これらの結果は、つながりを強く感じると、いじめを止めようと介入する高校生の意欲が高まることを示す他の研究結果と一致しています。したがって、相互尊重、責任の共有、社会的包容を積極的に育んで学校でのつながり意識を高めるというアプローチは、高校生に蔓延する無気力と闘ううえで非常に効果があります[33]。信頼できる教師がいる協力的な学校環境を作り上げることは、生徒が安心して大人にいじめを報告できるようにするだけではなく、生徒自身がいじめっ子に立ち向かう勇気を与える働きもあるのです。

また、この研究は、家庭における良好な人間関係の重要性も指摘しています。家族を身近に感じていると答えた生徒は、いじめを止めるために介入すると答える傾向が強いことがわかりました。家庭や学校、その他の場所であったとしても、大人と良好な人間関係があることには、ティーンエイジャーがいじめに立ち向かう意欲を高める効果があるようです。この研究論文の筆頭著者であるノースカロライナ州立大学のリン・マルベイ教授は「この研究結果は、いじめを不適切な行為と認識して措置を講じるためには、家庭と学校の双方の要因が重要であることを、我々に教えています。そして、いじめに対処するためには、ポジティブな学校環境と優秀な教師、そして家族のサポートが大切であることが明らかになりました」と述べています。[34]

本章は、マロリー・ローズ・グロスマンが経験したいじめと、それが学校の生徒、職員、学校管理者に著しく蔑ろにされていたことの説明からスタートしました。生徒たちが目撃した行為について教師に気軽に相談したり、いじめっ子に自分たちから立ち向かうことができた学校であれば、このできごとがどれほど違った結末になっていたでしょうか、想像してみてください。学校文化が変わっていれば、マロリーの命は失われていなかったかもしれないのです。

第７章　大学で性的不正行為を減らす方法

デルタ・カッパ・イプシロン・フラタニティは、１８４４年にイェール大学で創立された米国最古のフラタニティのひとつです。このクラブは、社会奉仕とリーダーシップの文化を誇りとしており、６人の米国大統領、５人の副大統領、４人の最高裁判事を含む、多くの重要な政治家や実業家が会員になっています。例えば、ジョージ・H・W・ブッシュ、ジョージ・W・ブッシュ両大統領、ブレット・カバノー最高裁判事は、イェール支部に所属していました。

ところが、このフラタニティの全米各地の支部に所属する多くの会員たちは、新入会員への放尿から女性への暴行（レイプも含まれています）に至るまで、世間を大いに騒がせる悪事を長年にわたって行ってきました。２０１０年10月には、この団体の新入会員たちが目隠しをされた状態で「ノーとはイエスだ！　イエスとはアナルだ！」「淫乱女め！」とイェール大学女性センターの外で唱和するという事件を起こしました。事件の後、この団体は大学キャンパスから5年間追放されました。

2016年にこの団体がイェール大学に戻ったとき、会員たちは、この経験から学んだ貴重な教訓について語りました。当時の代表のルーク・パーシケッティは、イェール・デイリーニュース誌の記者に「私は、この制裁が我々の団体の文化に良い影響を与えたと信じています。現在の会員は大学から追放されたことを理解しており、制裁処分以降のクラブの文化的な転換に重要な役割を果たしてくれています」と述べています。[1]

しかし、こうしたポジティブな教訓は束の間のことでした。そのわずか5ヶ月後、イェール大学は、懲戒諮問の結果、パーシケッティに停学3学期の懲戒処分を下しました。それは、彼がクラブハウスの寝室に女性を連れ込み「同意を伴わない性行為」をして有罪になったからです。キャンパスからの追放処分の解除後の2年間で、同団体会員による性的不正行為（訳注：セクシュアル・ハラスメント、性的搾取、性的虐待などが該当）を訴え出た女性は他に8人いました。

ある程度ではありますが、男性ばかりの集団（例えば、フラタニティ、運動部、バンド、軍隊）が悪事を働いていることを耳にしたとしても、それほど意外ではありません。それよりも驚くのは、この男集団の個々のメンバーの多く、もしかするとほとんど全員が支持していないにもかかわらず、このような悪事が続いていることです。研究によれば、実際に性的暴行に加わる男性はごく少数だそうです。[2] 問題は、男性の仲間たちがほとんど介入しないという点にあります。本章では、仲間が性的不正行為を支持している、そして仲間がそれに加わっていると男性が誤解してしまう要因を説明します。そして、大学や高校が、学生や生徒の考え方を改めて、彼らが性的不正行為を阻止しようと行動できるようにするための方法についても説明します。

男集団の危険性

男集団と女性への性暴力の関連性は確立されています。[3] 男性だけの組織（特に運動部やフラタニティ）に所属する男性は、性暴力に肯定的な態度を示し、レイプ神話（訳注：女性は強姦されたがっている、露出度の高い服を着ている女性が被害に遭うなどの性暴力に対する偏向した考えのこと）を受容する傾向があり、性的攻撃行動をとるようになることが報告されています。そのような男性は、アルコール、薬物、言葉による強要を用いて消極的な女性や同意していない女性と性行為をする傾向が強く、性的暴行をする可能性が高いことも知られています。[4]

NCAAディビジョン1（訳注：全米大学体育協会（NCAA）の最高レベルに位置する大学スポーツのカテゴリーのひとつ）の30大学を対象とした調査によれば、男子運動選手は学生数の3％に過ぎないにもかかわらず、学内での性的暴行事件の19％を占めていたことが明かされています。[5]

米国南東部にあるNCAAディビジョン1の大規模な公立大学の研究者は、男子学生を対象に、女性への態度、レイプ神話の受容、性行動に関するオンライン調査を実施しました。[6] その結果、男子運動選手は非運動選手と比べて男女の役割分担に伝統的な考えをもっていること、例えば「女性は平等な権利を持つことよりも、良い妻や母親になることに関心をもつべきだ」と考えていることがわかりました。さらに、男子運動選手は、「女性が酔っぱらっていたとき、あるいは抵抗しないときはレイプにならない」というレイプ神話をより強く信じていることも明らかになりました。最も重要なポイントは、男子運動選手では、性的強要行動（相手が望まないのに、脅迫や力づくでセックスを強要すること）をとる傾向が強かったことです。運動選手の54％がこのような行動をとった経験があることを報告しましたが、非運動選手では38％であることがわかりました。

男子運動選手やフラタニティのメンバーは、どうして女性との付き合い方が過度に捕食的（訳注：性的虐待のことを表現する言葉として使われることが多い）なのでしょうか？

ひとつの説明は、女性を性的モノ化する男性は、そのような集団に自然と引き寄せられるというものです。ケニオン大学の研究者は、フラタニティに所属する男性と、所属していない男性の寝室に掲示されているポスターや広告、PCのスクリーンセーバーなど、女性の画像をすべて写真に撮りました。[7] その結果、フラタニティの男性は、女性の画像を多く寝室に掲示していること、特に、その画像には性的で下品な内容が多く含まれていることがわかりました。その多くは、プレイボーイ、マキシム、スタッフといった、女性を性の対象として描く雑誌から入手したものでした。また、男子学生の運動選手は、非運動選手よりも、女性に保守的で伝統的な態度をとる傾向が示されています。[8]

元々が下品な態度であること、もしくはフラタニティや運動部に所属することのどちらが原因になるのかは明言できません。いずれにせよ、元々の気質だけで、すべてを説明できるわけではないようです。心理学者は、男集団で過ごすと、若い男性が性的攻撃行動をとる可能性が高くなることを発見しました。この研究によれば、大きな州立大学のフラタニティに1年次に入会した男性は、3年生になるまでにフラタニティに入会しなかった男性と比べて、セックスをするように仲間からプレッシャーを受けることが増えたこと、女性を酔わせて一晩をともにするなどの性的攻撃行動を他の人は認めてくれる、と考える傾向が強まることが明らかになりました。[9] つまり、女性を性的モノ化する傾向のある男性が男集団に引き寄せられる、という説明だけでは不十分です。このような集団で過ごす時間も重要なのです。

男集団に所属することと、性的攻撃行動を容認する態度の形成との間に関連性があるもうひとつの理由の説明は、そのような集団では、直接的にも間接的にも、誇張された男らしさの理想像へのプレッシャーがあるというものです。男子学生を対象にして運動部への参加、フラタニティへの加入、性的攻撃との関連性を調べた29の研究に対するメタ分析の結果によれば、男集団への参加、つまり、運動部やフラタニティへの加入は、男らしさの理想像をもつ割合の高さと関連していることがわかりました[10]。男らしさの理想像には、リスクを取ること、ステレオタイプ的な女性的なものを避けること、タフで攻撃的なことなどが含まれます[11]。

フラタニティや運動部への加入は、ある特定の行動が評価されるという印象を促すようです。このような集団に所属する男性は、女性を性的モノ化することに大きなプレッシャーを感じた結果として、大量飲酒や複数のパートナーとのセックスなど、危険な行動をとる傾向があります[12]。

米国南東部の大規模州立大学に通う学生を対象にした研究によれば、フラタニティのメンバーの25%が、友人の10人以上がセックスをしようとして女性を酔わせている、あるいはハイな気分にさせていることを信じていました。ちなみに、フラタニティに入会していない男子学生では、このような考えをもっていた人は10%未満でした[13]。またフラタニティに所属する男性は、所属していない男性よりも、学生時代にたくさんの女性とセックスすることを友人が認めると考える傾向があること（70%対53%）、友人がそれを認めないと考える傾向は低いことが報告されています（8%対19%）。

そして、伝統的な男らしさ規範（masculinity norm）への固執も、さまざまな性的攻撃を正当化するようです。ミシガン大学の研究者は、フラタニティに所属する男子学生と所属していない男子学生を対象に、男らしさ規範を遵守することへのプレッシャーと性的攻撃行動の態度を比較しました。[14] その結果は、かなり憂鬱な内容でした。すべての測定指標において、フラタニティに所属する男性は、所属していない男性よりも、女性を性的モノ化する態度をとっていたことがわかりました。彼らは、伝統的な男らしさ規範（「できることならば、私は頻繁にセックスのパートナーを変えたい」「もし、私のことをゲイだと思っている人がいるならば、私は怒り狂うだろう」）に強く同意し、こうした規範を守るように友人たちからのプレッシャーを感じていました（「私は、いつもセックスしたいようにふるまう」「女の子っぽいことは避ける」「強いお酒をショットで飲む」などが該当します）。彼らは、女性を性的モノ化することを支持しており（「魅力的な女性の体をじっと見るのは構わない」「身体的魅力で女性を評価するのは楽しい」）、レイプ神話を受け入れる傾向が強い（「女の子が最初のデートで男の家に行くということは、セックスする気があるということだ」「女の子は、レイプされたいとひそかに願っている」）こともわかりました。また、フラタニティの男性は、セックスをするために「愛してるよ」と言う、友人との話のネタにするためにセックスをするなど、性的に人をだますような行動をとる傾向も示されました。

男らしさを示すひとつの手段として危険な行動を志向することには、過度に飲酒すること、それによって抑制が弱まり、性的暴行を促す可能性があります。[15] 米国北東部と中部大西洋地域の4つの大学の男性を対象とした調査によれば、男らしさ規範に同調しており、大量飲酒する男性が最も性的攻撃行動をとりやすいことがわかりました。[16] 他の研究によれば、フラタニティ1年目に、2時間以内に5杯以上飲酒するという短時間での大量飲酒の頻度が高い男性ほど、性的攻撃を頻繁に行うことが報告されています。したがって、フラタニティに所属する男性の性的暴行率が高いことのもうひとつの理由は、危険なアルコール使用の割合が明らかに多いということが関係するのかもしれません。

特定の集団で伝統的な男らしさの理想像が強く重視されているという知見は、他の男集団よりも、運動部やフラタニティの間で性差別的な態度や性的攻撃行動が広まっている理由を説明する一助になります。性差別的な態度は、男女混合の集団よりも男性ばかりの集団で一般的な傾向が認められますが、そのような信念の普及の程度は集団の性質によっても大きく異なります。男性の性暴力の話は男性合唱団ではあまり聞きませんし、男子運動部の場合でも、フットボール、アイスホッケー、バスケットボールのチームは、ゴルフ、テニス、水泳などのチームよりも男性の性的強要の割合が高いという研究結果も存在します。[17] 男らしさ規範をあまり重視していない男集団の男性は、女性を性的モノ化する態度をとることや短時間で大量に飲酒すること、性的強要を行うことなどについてのプレッシャーをそれほど感じないようです。

悲しいことですが、男集団にいると性差別的な態度や性的攻撃行動を多くとりがちになるのは、大学生に限った話ではありません。ピュー研究所（訳注：米国の世論調査機関）が２０１7年に実施した調査によれば、男性中心の職場で働く女性は、主に女性と働く女性や男女混合の職場で働く女性よりも、自分が公平に扱われていると感じる傾向が弱く、男女差別を経験しやすいことがわかりました。[18] また、男性が多い職場で働く女性は、セクハラを問題とする傾向が強いことも示されました（男性が多い職場49％、男女のバランスが取れている職場34％、女性が多い職場32％）。

政治学者のクリストファー・カーポウィッツとタリ・メンデルバーグは、著書『沈黙する性：ジェンダー、討議、制度（The Silent Sex: Gender, Deliberation, and Institutions）（未邦訳）』において、不適切な規範は、あらゆる男性中心の組織で発展する傾向があると主張しています。[19] その一例は、米国上院です。20人しかいない女性上院議員の一人であるカーステン・ギリブランドは、同僚の男性議員から性差別を受けたことを何度も語っています。[20] 例えば、彼女が50ポンド（訳注：約23キロ）痩せたときに、ある男性の同僚議員が彼女のお腹をぎゅっと掴んで「あんまり痩せないでね。僕はぽっちゃりした女の子が好きなんだ」と言ったそうです。また、別の人は「豚のようにはなりたくないだろうから運動を続けるように」と彼女を励ましました。ハリー・M・リード上院院内総務は、ある資金調達パーティーで、彼女のことを「上院で最もホット（訳注：この語には、お熱い、セクシーという訳があるように性的な意味がある）な議員」と呼びました。

ヘッジファンドやシリコンバレーなど、他の男性中心の職場環境でも、同様の性差別的な態度や言動がよく報告されています。資産運用に携わる女性は、顧客、同僚、上司からのセクハラを経験しています。[21] ある男性の資産管理者は「男性だけの会議では、いまだに性差別的で軽蔑的な発言が非常に多い」と指摘しています。シリコンバレーからの報告もほぼ同じです。[22] 建設業やその他の男性中心の職業に従事する女性も、ハラスメントの横行について報告しています。[23]

性的不正行為が特に男集団でよくみられることに間違いありません。しかし、これから説明しますが、私たちが思うほど、それは一般的ではないかもしれません。スキル・トレーニングを提供し、誤解を訂正することで、悪事を減らすこと、悪事を目撃した人が立ち向かえるように手助けすることはできます。

男集団の中で大きな声をあげづらい理由

スタンフォード大学の学部生だった頃、私は寮で開催されたデートレイプ（訳注：恋人のような間柄や顔見知りの関係での無理強いされた性行為のこと）に関するプレゼンテーションに参加したことがあります。そのプレゼンテーションでは、性行為の前に同意を与えること、そして同意を得ることの重要性に焦点を当てていました。そのイベントのリーダーたちは、パートナーが「ノー」や「ストップ」と言ったにもかかわらず、あなたがとにかくセックスをしようとすれば、それはレイプとみなされると説明しました。

そのとき、学内で有名な運動選手が手を挙げて、まったく信じられないといった様子で「そんなはずはないよ。その定義だと、僕がセックスした相手は、全員僕がレイプしたことになる」と言いました。

私は、彼の発言にぞっとして、彼を避けることを心に決めたのですが、ほとんどの学生はその発言を笑っていました。彼は明らかに、自分が表明した考えには何の問題もないと思っているようでした。その考えが広く共有されていると彼が信じていたからでしょう。

ところが、数多くの研究によって「ノーとはイエスだ」「女性が挑発的な服装をするのは襲われたいからだ」という考え方は、ほとんどの欧米諸国では男女ともに共有されていないことが判明しています。多くの男性は、性的攻撃行動を内心では不快に思っていますが、他の人はそのような行動を認めていると（間違って）信じています。[24]

メアリー・ワシントン大学の研究者は、男性の研究参加者に、女性に対する自分の信念と、性差別的な行動への不快感を評価してもらいました。さらに、研究参加者に、同じ尺度で他の男性の態度（同じ大学の他の男性、またはアンケートに答えた友人の態度）の評価を求めました。その結果、どちらの場合でも、男性は他の男性がもつ性差別的な信念の程度を過大評価しており、性差別的な行動への不快感のレベルを過小評価していることがわかりました。男性は、性差別に対する不快感を評価する尺度の中間の約17・1点（35点が最も不快感が強い）を平均値として見積もっていましたが、実際の平均値は23・5点でした。さらに、男性は、自分の友人が実際よりも性差別にあまり不快を感じていないと評価していました（友人の不快感の予測値は平均21・6点でしたが、友人の不快感の実測値は平均23・6点でした）。

なぜ男性は、親しい友人でも実際以上に女性に性差別的な考え方をもっていると思うのでしょうか？　その一因は、嘲笑や批判、仲間外れを恐れて、そのような意見には表立って反論したがらないことにあるのかもしれません。大学キャンパスでのインタビューの結果によれば、男子学生が性暴力の状況に介入しなかった理由は、評価懸念（笑われたり、馬鹿にされることへの恐れ）が最も多く、特に他の男たちに弱いと思われたくないという願望が関係したことが示されています。[25] つまり、性差別的な態度や性的攻撃行動への仲間の不快感を過小評価する男性は、攻撃的な発言や不適切な行動を非難することで生まれる結果を恐れて、沈黙するのかもしれません。そうすると、実際は違うにもかかわらず、そのような考え方が広く共有されているという認知が作り出されます。何も言わないというこの傾向は、仲間外れにされることを恐れるフラタニティや男性ばかりのチームに所属する男性では、特に強く作用する可能性があります。

別の研究では、研究者は、大学生の男性に、女性、レイプ、性的攻撃行動への信念を評価するアンケートを用意して、親しい友人の一人と一緒に回答してもらいました。[26] どちらの学生も「女の子がみだらな服を着てパーティーに行くと、トラブルを招くことになる」「女の子が身体的に抵抗しなければ、レイプだったとは言えない」「女の子がパーティーで男と2人きりの部屋に行ったとしたら、レイプされるのは彼女自身の責任だ」などのレイプに関する一般的な神話への同意を評価しました。さらに、研究参加者は、女性にさまざまな形で性的強要行為をしたことがあるのかについても回答しました。その後、親しい友人はどう答えると思うのか、また平均的な男子学生はどう答えると思うのか、同じアンケートを使って再度回答してもらいました。

その結果、男子学生は、周囲の人（たとえ親しい友人であっても）の性差別や性的暴行の考えについて偏った捉え方をしていることを示す更なる証拠が得られました。ほとんどの学生は、同級生は自分よりも女性に否定的な態度をとっており、レイプ神話を強く支持していると考えていました。これは、多元的無知の典型例です。あなたがどの男子学生に尋ねたとしても、自分は女性を性的モノ化する態度や性的攻撃行動を快く思っていないと答えると思います。しかし彼らは、仲間はそのような態度や行動をまったく問題なく受け入れていると信じているのです。

性的暴行に加わった経験がある男性は、他の人はそのような行動を受け入れていると信じていたことが判明しています。性加害に関する研究によれば、性的暴行に加わった男性の54%が、自分の親しい友人も同じことをしたと思うと回答した一方、加わった経験がない男性ではその割合が16%に過ぎなかったことが示されています。[27]

このような認知の差異は現実を反映しているのではないかと思いたくなるかもしれません。それは、性的暴行に加わった男性には、そういうことをする友人がいる可能性が高いという考えです。しかし、それは真実ではないことが明かされています。性的暴行の経験がある男性は、性的暴行をした経験がない男性と比べて、自分の友人も同じことをしたと思うと誤解する傾向は3倍近くも高かったのです。この誤解は、深刻な結果を生む可能性があります。ある研究によれば、他の男性がセックスの強要を認めていると信じている男性は、数年後であってもそのような行為に及ぶ傾向が高いそうです。[28]

これは何を物語っているのでしょうか？　実際に性的暴行を支持する態度や信念を持ち、性的暴行に加わるごく一部の男性は、そのような行動に対する支持を著しく過大評価しているため、このような考え方を平気で口にします。性差別的な信念を共有しようとする彼らの姿勢は、不幸なことに、このような態度が実際よりも一般的であると他の人に信じ込ませてしまいます。特に、運動部やフラタニティのメンバーのように、性加害者が高い地位にいる場合は一層そうなりやすいのです。

他の男性は性的攻撃行動を受け入れていると信じている場合は、性的攻撃行動を止めようとして介入する意欲が抑制されるという知見も報告されています。2003年に、ウェスタン・ワシントン大学の研究者は、大学生の男女の同意の重要性に関する信念と、性的暴行を防ぐために介入する意欲を調べました。この研究では、研究参加者に、両指標に関する仲間たちの回答の予測を求めました。[29]その結果、男女ともに、性交渉に同意を得ること、同志を尊重することを優先していることがわかりました。しかし、男子学生では、同世代の男性が同意を重視していることを一貫して過小評価する傾向が示されました。性的暴行を防ぐために介入することの重要性に関する信念の程度には男女で差異は認められませんでしたが、男性では、そのような状況に介入しようとする同世代の男性の意欲を過小評価していることが再び示されました。この結果は、男性が、他の男性は自分よりも性的同意への関心が低く、介入する意欲も低いと考える傾向があることを示す過去研究の結果と一致しています。

残念ながら、このような誤解は、男性が自分から性的攻撃行動を止めようとして介入する意欲を低下させます。仲間の態度に対する男性の認知は、自分の態度よりも介入する意欲の低下に強く関係する因子なのです。[30] そのため、男性は、女性に攻撃的な行動をとる他の男性がいたときに、沈黙しようとする傾向が特に強くなります。

ジョージア州立大学の研究者は、性的攻撃状況に介入する意欲を調べるための巧妙な実験を計画しました。[31] 実験参加者の男子学生は、外国映画に対する男女の感情や態度を調べると伝えられました。そして、実験参加者は、他の3人の男性とグループになってもらうこと、女性に見せる映画のクリップ（訳注：断片的な映像のこと）をそのグループから選ぶことを告げられました。実験では、性的に露骨な映画と、そうではない映画の2種類のクリップを上映してから、女性に見てもらいたい映画のクリップを選ばせました。さらに、最終的な映像はグループ内の4人の男性の選択肢の中から無作為に選ばれること、映像を見る女性のプロフィールには、性的な内容が好きではないと書かれていたことを告げました。

実験参加者は、映像の選択を行った後で別の部屋に案内されて、そこで他の3人の男子大学生と一緒になったのですが、彼らは実験協力者でした。そこに女性（彼女も実験協力者です）が、表向きは間違えて、ごく短時間入室しました。彼女が立ち去った後、実験協力者の1人が性的モノ化する発言（「俺だったら、あいつをぶん殴るね」）をして、他の2人も同意する条件と、中立的な発言（「あの女の子、ルームメイトの妹にそっくりだよ」）をする条件を用意しました。それから、研究者は、実験参加者がいるグループに性的に露骨な映画が無作為に選ばれたこと、ウェブカメラを通して女性の反応を観察すること、実験参加者の隣にあるキーボードのキーを押せば映像をいつでも止められることを伝えました（実際には、実験参加者の男性は、事前に録画された女性のビデオを見ていました）。そして、研究者は、実験参加者が映像を止めるのかどうか、映像を止めるときはいつ止めるのかを測定しました。

その結果、女性を性的モノ化する発言を聞いた男子学生では、映像を止める割合が有意に低下しました。中立的な発言を聞いた男性の35％が介入しましたが、性的モノ化する発言を聞いた男性では15％しか介入しなかったのです。映像を止めた人たちも、止めるまでに時間を要することがわかりました。一部の男性は、デブリーフィング（訳注：実験終了後に初めて実験の真の目的を伝える手続きのこと）のときに「仲間の前で男らしく見せなければならないというプレッシャーがこの決断に影響したと思う」と述べました。例えば、ある実験参加者は「女の子はとても不快そうでした。自分にはそれを止める力があることを知っていましたし、最終的にはそうしたのですが、男部屋のときはプレッシャーがかかります。他の男たちから『本当の男だったら、これを見て楽しむだろう』と言われているような気がしました」と述べました。[32]

「ロッカールーム・トーク（訳注：異性がいない更衣室で行われる下品な会話のこと）」に興じる男同士の仲間の存在には、どうやら、他の男性が性的攻撃行動を止めるのを阻害する働きがあるようです。

性的暴行を減らす方法

ここまでは、男性ばかりの社会集団のメンバーの多くが個人的には支持していないときでも、性差別的な信念を作り上げて、それを維持しようとする男集団の力に注目してきました。それでは、このような規範はなぜ存続するのでしょうか？　最近、私の学生の一人である男子バレーボール選手が、毎日誰かがロッカールームで攻撃的なことを口にすることを教えてくれました。彼は「どうして、僕には何かを言うときと言わないときがあるのだろう？」と自問していました。そして、彼はその内容が攻撃的なことに気づいていましたが、同時に、自分がいつもそれを非難していないことも認識していました。おそらく、彼が理解していなかったのは、こうした発言に不快感を覚えながらも沈黙しているチームメイトが他に数人はいる、というポイントです。

本章の最終部では、高校や大学で、生徒や学生が仲間の問題行動を目撃したときに立ち上がることを促す方法を説明します。バラク・オバマ大統領は、２０１４年の演説で、このような方法の必要性について「男女を問わず、若者たちに、性的暴行は絶対に許されないことだと認識させる必要があります。特に、黙っていなければならない、あるいは従わなければならないという社会的圧力が非常に強力なときこそ、若者たちは勇気を振り絞って立ち上がり、そのように主張しなければいけないのです」と述べています。[33]

規範の誤解を訂正する

男性が、他の人は自分よりも性差別的な態度や攻撃的な行動を快く思っていると信じていることを示す一貫した証拠が存在することを考慮すると、この信念が、男性が非難の声をあげることを妨げています。そのため、性暴力を減らしたいのであれば、この誤解を訂正する方法からスタートするのが当然だろうと思います。

近年では、ごく一部の仲間の極端な態度や行動が規範ではないことを、男性たちに理解してもらう方法に重点を置いたプログラムがいくつか提案されています。規範の誤解を訂正する方法は、自分自身に関する信念を変えるよりも、正確な情報を提供して他の人の信念に関する認知を変えることのほうが容易であり、特に有効です。北イリノイ大学の健康増進サービス部長のマイケル・ヘインズは「社会的規範を変える必要はありません。そのままの姿を人々に示すだけでよいのです」と述べています。[34]

心強いことに、こうしたプログラムは、性差別的な態度や信念を減らすのにとても効果があることが判明しています。

メアリー・ワシントン大学のクリストファー・キルマーティンとその研究グループは、米国南東部の大学の心理学入門の授業で、男子学生を対象に、20分間のプレゼンテーションを実施しました。[35] 研究者は、社会的規範に関する一般的な情報と人々が社会的規範を誤解する要因について、例えば、ジョークで笑う人のことを社交辞令的に笑っているのではなく、本当に面白いと思って笑っているとみなす傾向があることを説明しました。そして、このような誤解が悪事に立ち向かう妨げになることを説明し、問題のある状況に介入するために人々が取り得る具体的な手順を示しました。

この短時間のプログラムは、すぐにポジティブな変化をもたらしました。プレゼンテーションに参加した3週間後、研究参加者の男子学生は「女性はちょっとしたことで気を悪くする」「ほとんどの女性は無邪気な発言を性差別的だと解釈する」という女性に対するネガティブな信念を、他の男性はほとんどもっていないと回答しました。また、自分が以前思っていたよりも、他の男性は性差別的な発言を快く思っていない、と考えるようになりました。

社会的規範に関する誤解の訂正は、態度に影響を与えるだけでなく、実際に性的暴行の発生を減らす効果もあります。オハイオ大学のクリスティン・ギディッツとその研究グループは、米国中西部の中規模大学の1年生男性の半数を無作為に割り振って、学生寮で90分間の性的暴行防止プログラムに参加してもらいました。他の男性（統制条件）は、単にアンケートに回答しただけでした。[36] このプログラムには、レイプ神話に反論して性的暴行が女性に与える影響を説明して共感を醸成する、同意の重要性への意識を向上させる、他の男性の態度や行動に関する規範の誤解を訂正するという、3つの要素が含まれていました。

4ヶ月後に収集されたデータから、この比較的短時間の介入を行った場合でも、長期的な変化が生じたことが明らかになりました。プログラムに参加した男性は、性的暴行につながりそうな状況に仲間が介入する傾向が高いと考えただけでなく、自分自身の性的攻撃性が低下したことを報告しました。プログラムに不参加の男性の約6・7％が性的攻撃行動をとったと回答しましたが、その割合はプログラムに参加した男性ではわずか1・5％でした。

このようなプログラムには2つの効果があります。第1に、他の人が実際に考えていることについての正確な情報を与えると、男性は、非難の声をあげる、あるいは介入することを、あまりためらわなくなります。第2に、性的に攻撃的になるリスクが高い男性でも、仲間たちが実際にはそのような行動を支持していないことを学ぶことによって、態度を改めて、女性を支配しようとする気持ちを抑えられるようになるかもしれません。

性的暴行を減らすこのアプローチは、規範を変えることで効果を発揮するのではありません。この方法は、実際の規範の内容を人々にシンプルに伝え、規範の誤解が、なぜ、どのように生じるのかを洞察してもらうことで効果を発揮するのです。これは、摂食障害の症状を減らし、大学生のメンタルヘルスの治療を求めるポジティブな姿勢を改善するために私が研究で使用したアプローチと同じ方法です。[37]

スキル・トレーニングを提供する

コネチカット・カレッジ（訳注：コネチカット大学とは別の大学）の学生だったグレッグ・リアウトとマット・ゲッツは、大学キャンパス内のアパートで、ユニークな（そして非公式の）役目を引き受けました。大学3年生のグレッグと大学2年生のマットは、性的暴行につながりかねない状況の打開策について、学生たちにトレーニングを行うことにしたのです。2人は、トレーニングの方法をどうして知っていたのでしょう？　それは、彼ら自身がグリーン・ドット・プログラム（Green Dot program）のトレーニングを受けた経験があったからです。このトレーニングに思い切った手段は不要です。誰かにタックルしたり、情熱的な抱擁を振り切ったり、通報する必要はありません。あなたは、問題になりそうな状況を早期の段階で中断させるだけでよいのです。このプログラムについて、グレッグは「誰かを悪人呼ばわりするのではありません。状況を和らげるだけです」と説明しています。グレッグとマットは、２人とも、大学のアイスホッケーチームに所属していました。そこは、性犯罪に関与していそうな、まさに男集団の運動部でした。

グリーン・ドット・プログラムは、全米各地の大学で展開されている性的暴行を減らすための傍観者介入トレーニング・プログラムのひとつです。その他のプログラムには、傍観者の取り込み方、ステップ・アップ！（Step Up!）、テイクケア（TakeCARE）などがあります。

グリーン・ドット・プログラムでは、悪事の発生を未然に防ぐために介入する３つの方法を学生たちに教えます。例えば、友人が明らかに飲み過ぎている女性に言い寄っている場面を目撃したとします。グリーンドットでは、学生に次のようにアドバイスします。

１．気をそらすきっかけを作りましょう。言い寄っている友人をファスト・フードに誘う、あるいは友人に他の女の子が話したがっていることを伝えるなどの方法があります。

2. 誰かに介入を頼みましょう。それは、他の友人でも、先輩の学生でも構いません。
3. 立ち上がりましょう。言い寄っている友人に、他の女の子を探すように勧めてください。

具体的な内容はさまざまですが、どのプログラムでも、悪事がエスカレートする前に何らかの行動を起こして悪事を止める重要性を強調しており、そのために必要な具体的なスキルのトレーニングを行います。[38] これらのプログラムでは、双方向型の演習を行ってさまざまな場面を想定したスキルを教えていきます。例えば、ある演習の場面では、性差別的な発言を耳にしたときにどのように反応するのか、学生は演技します。また、別の場面では、酔っぱらった人が他の人と寝室に向かっているのを見かけたときにどうするのか、それを演じてもらいます。性暴力行為を目撃したときの状況も提示されて、学生は演技を求められます。これらのトレーニングは、すべての人に性暴力を防止する責任があることを学生に思い出させます。[39]

これらのプログラムは、ワークショップ、正規科目、インターネットなど、さまざまな形式で提供することができます。[40] 例えば、ニューハンプシャー大学の予防イノベーション研究センターとダートマス大学のティルトファクター研究所（訳注：シリアスゲーム研究センターのこと）の研究者は、大学生に、性暴力や交際相手の暴力に介入する方法を教えるビデオゲームを作成し、この情報を、一般的なキャンパス情報、ポップカルチャー、エンターテインメントの中に意図的に内包させる取り組みを行っています。[41] ジョージア州立大学の研究者は、性暴力を減らすために傍観者介入を強化するリアルコンセント（RealConsent）（訳注：本当の同意という意味）というウェブベースのプログラムを作成しました。ウィンザー大学のシャーリーン・セン心理学教授は、傍観者介入に関する情報を通常の授業に導入しています。

実証的研究は、こうしたプログラムが有効であることを示しています。プログラムに参加した学生では、レイプ神話の受容の減少、レイプ被害者へのより大きな共感、助けたいという気持ちの高まりなど、さまざまなプラスの効果が認められたことが報告されています。[42] そして、学生は、自分の介入能力に自信をもち、より積極的に介入できるようになったことを報告しています。また、多くの学生が、パーティーで酔っ払って2階へ上がろうとしている友人をチェックしている、あるいは性差別的な発言（例えば「彼女はレイプされて当然だ」など）を聞いたときは大きな声をあげるなど、実際に何らかの形で行動したことも回答しました。[43]

傍観者介入プログラムを実施している大学キャンパスの性暴力の発生率は、未実施の大学キャンパスよりも著しく低いそうです。例えば、２０１５年に発表されたグリーン・ドット・プログラムの有効性の評価によれば、セクハラやストーカー行為の経験が11％低下し、お酒に酔っていた、あるいはハイになっていたためにストップできなかった女性との望まない性行為の事例が17%も減少したことがわかりました。[44] 大学生たちは違う行動をとるつもりだ、と単純に答えているわけでありません。傍観者介入プログラムには、彼らの実際の行動を変える働きがあります。

効果的に介入するために必要なスキルを傍観者に身に付けさせる、もうひとつの方法は、ビデオを使ったテイクケア・プログラムです。このプログラムでは、ナレーターが、はじめに社会の営みの中で安全を守ることの重要性を説明し、性暴力を防ぐために人々がどのように友人を守ることができるのかを概説します。それから、性的強要、交際相手の暴力、その他の有害な行為が起きる可能性があるできごとへの対応を示す3つのエピソードを紹介します。ビデオでは、それぞれのケースについて、できごとの発生を防いだり、エスカレートするのを食い止めるために、あるいはすでに発生してしまった場合はサポートを提供するために、その人ができる具体的な言動を提案します。

例えば、あるエピソードでは、パーティーでお酒に酔っ払ったカップルが一緒に寝室に向かい、別のカップルがその様子を観察するシーンが登場します。ナレーターが、この状況がカップルの一方、あるいは双方に問題を引き起こす可能性があることを説明する間、シーンは一時停止します。ビデオには、その後、その場に居合わせた傍観者がカップルの間に割って入り、男子学生をパーティーに送り返して、女性を家まで送り届ける様子が映し出されます。そして、ナレーターは、危害を防ぐために同様の状況で介入できる他の方法を説明し、友人を大切にする重要性を強調します。このアプローチは、何らかの行動を起こすことの大切さに重点を置いており、学生たちに、あまり多くのことをしなくても、問題が起きるかもしれない状況に介入することはできる、という自信をもたせるために設計されています。ビデオの時間は30分程度と短く、大規模な環境でも使用できる実用性を有しています。

短時間のビデオには行動する力を学生に与える効果はあるのでしょうか？　シンプルな答えはイエスです。ビデオを視聴した大学生は「レイプされるのは被害者が悪い」と言われたときに不快感を示すことから、パーティーの場で集団の人々に寝室に連れ込まれそうになっている泥酔者を助けることまで、さまざまな危険な状況に介入できるという自信が高まったことを報告しました。[45] また、大学生は、このビデオを視聴してから1ヶ月間、より多くの介入を行ったことも報告しました。

このように、ビデオを使ったプログラムの研究からは、学生の介入に対する自信を短期的に高めることができるという知見が得られていますが、長期的な効果に関しては更なる研究が求められます。それでは、このような態度や行動の短期的な効果は、長期的に持続するのでしょうか、それとも時間減衰するのでしょうか？　また、この方法には、受動的にビデオを視聴するだけではなく、より深い教材処理を可能にし、持続的な効果をもたらすインタラクティブ的な要素を取り入れることはできるのでしょうか？ 確かに、ビデオで描写されているスキルをプログラムで実践できれば、一層強力な効果が期待できるかもしれません。これらの検討ポイントは、今後の研究における重要な問題ですが、ビデオを使った短時間の介入がもたらす実用的な価値は計り知れないと思います。多くの大学生は、性的暴行防止に関する長時間のプログラムには参加しません。そのため、テイクケアなどのビデオを使ったプログラムには、多種多様な学生にアプローチすることが可能で、それによって学内の規範をより広範に変化させることができるという明確なメリットがあります。

ビデオを使ったアプローチは、高校でも同様の効果があるでしょう。最近の研究では、米国南部の低所得層が多い都市部の公立高校の生徒を対象に、テイクケアの効果が調べられました。[46] その結果、統制条件と比較して、テイクケア・プログラムに参加した生徒は、6ヶ月後に、その場に居合わせた傍観者として介入を多く行ったことを報告しました。介入の例には、虐待行為を言い訳する友人に立ち向かった、原因不明のあざがある友人のことを心配して声をかけた、性的虐待や交際相手からの虐待の可能性がある状況で他の人に協力してもらったことなどが含まれていました。

さらに、この研究は、バーチャルリアリティを使った独創的な計測も行いました。具体的には、生徒は、ゴーグルを装着して、アバターと相互作用できる没入型バーチャル環境に参加し、そこで自分が介入できる性暴力に関する実世界状況を模擬体験しました。その状況のひとつは、パーティーで泥酔した友人2人が寝室に向かうという内容で、もうひとつの状況は、デート中のカップルに身体的暴行が疑われるケースでした。それ以外に、ある男子学生が、デートの相手を酔わせて一緒に寝ようと言い出すという状況も用意されていました。研究者は、生徒が各状況にどのように反応したのか、そして有害な状況が発生する可能性をどの程度強引に防ごうとしたのかを記録しました。その結果、テイクケア・プログラムのビデオを視聴した生徒は、統制条件のビデオを視聴した生徒と比べて、バーチャルリアリティによる模擬体験時に自己主張的な行動を示したことがわかりました。さらに、生徒は、6ヶ月後の実世界状況においても、傍観者として多くの介入を行ったことを報告しました。

トレーニング・プログラムが機能するという結果は、悪事の目撃者の多くが、本当は介入したいけれども介入の仕方がわからない、ということを示しています。第10章で説明しますが、人は、効果的に行動するための具体的なスキルをトレーニングすることで、不作為に向かおうとする生来の性向を克服することができます。一般的に、トレーニングの体験者は学習したシナリオと似た状況に直面したときに、行動する責任を強く感じ、効果的に行動できるという自信をもちます。[47]

性的暴行の3分の1以上では、少なくとも一人は介入できた可能性のある人物がいながらも、ほとんどの場合、その人は介入しないことを選んだそうです。[48] それでは、沈黙する目撃者を能動的な妨害者に変えるためにはどうすればよいのでしょう？ それは、何をどのようにするのかを人々に教えることからスタートするのがよいと思います。

新しい規範を作り出す

男同士の絆を重視する結束の固い集団の男性は、同じ集団の他のメンバーに忠誠心を示さなければならないという強いプレッシャーを感じています。これは、時として、仲間の悪事を指摘しないこと、善悪に関係なく団結するという結果を生みます。[49] しかし、このような集団の結束力には良い面もあります。仲間の影響力の根底にある同じエネルギーは、ポジティブな信念や行動を生み出すことにも利用できるのです。

多くの傍観者介入プログラムは、悪事に沈黙して集団のメンバーを守るという規範から、悪事を未然に防ぐために介入するという規範へと、集団の規範を変えることに焦点を当てています。これらのプログラムは、集団メンバーのたった一度の悪事が集団全体の評判を傷つけること、そしてチームやフラタニティ、寮の全員に、友人がトラブルに巻き込まれないように守る責任があるということを理解させることを目的としています。

ニューハンプシャー大学のフットボール選手であるデイビッド・ロウは、ニューヨーク・タイムズ誌に、たとえ性的な出会いを邪魔したとしても、自分の目標はチームメイトの面倒を見て守ることだと語っています。彼は「チームメイトは、女の子をゲットできないかもしれませんが、奨学金をもらい続けることはできますし、チームにも残れますから」と述べています。[50]

個々のフラタニティや運動部は文化や価値観が大きく異なりますが、性的攻撃や性的強要を容認しない集団では、そのメンバーに自分たちの集団の規範を守るようにプレッシャーをかけることがあります。[51] 例えば、米国中西部の小規模私立大学に通う1年生の男性を対象とした研究は、高校時代に攻撃的なスポーツ（サッカー、バスケットボール、レスリング）をしていた人と、非攻撃的なスポーツ（野球、ゴルフ、クロスカントリーレース、水泳、テニス、陸上競技）をしていた人で性的強要の割合を比較しました。[52] その結果、非攻撃的なスポーツの経験者は、女性への性差別的な態度が少なく、レイプ神話を支持せず、性的強要行為に及ぶ可能性が低いことがわかりました。

そして、バース大学の社会学者のエリック・アンダーソンが行った、あるフラタニティに関する研究によれば、典型的な男らしさ規範から意図的に目をそらす方法が使用されていたことも明らかになりました。[53] その団体のメンバーの一人は「私たちは、フラタニティの兄弟たちが、マッチョな男らしさの精神に染まらないことを期待しています。私たちは、知的で運動能力が高いだけではなく、親切で尊敬に値する、素晴らしい人間でありたいのです」と述べています。

リーハイ大学のエアーズ・ボスウェルとジョーン・スペードは、学生の約半数がフラタニティに加入しているペンシルベニア州の私立大学で、そこでの暮らしに関する詳細な調査を実施しました。[54] 彼らは、学生にインタビューを行い、社交の様子を観察するために、フラタニティのパーティーに参加しました。その観察結果は、すべてのフラタニティが同じではないという明らかな証拠を提示しています。

女性たちが、性暴力について「高リスク」と表現したフラタニティのパーティーでは、男女が友人として交流することはほとんどありませんでした。男女比が大きく偏っていることが多く、男女は部屋の別々の場所に分離していました。女性は1人で踊ることが多く、カップルで踊るときは、とても緊密で性的な踊り方をしていました。フラタニティの男性の振る舞い方は、とても粗野でした。彼らは、親指を立てたり下げたりするジェスチャーで女性の体を評価したり、性差別的なジョークやコメントを言って、みだらに、そして公然と性的な行動をとりました。男子学生は、あからさまに、女性をパーティーから抜けさせて２階の寝室に連れ込もうとしました。そのセリフは「僕の部屋で魚の水槽を見てみない？」「２階に行ってお話しようよ。ここだと君が何を言っているのか、よく聞こえないからさ」というものでした。

一方、女性たちが「低リスク」と言っていたフラタニティのパーティーは、これ以上ないほど「高リスク」とは異なっていました。男女は、カップルやグループで一緒に踊り、多くのカップルがキスをするなど、何らかの愛情を示していました。パーティーにはほぼ同数の男女が参加しており、男女は定期的に友好的な会話を交わしていました。突き飛ばしたり、怒鳴ったり、罵ったりすることはまれで、それが起きたときもすぐに謝罪がありました。

アレクサンドラ・ロビンスは、著書『フラタニティ：男子学生が男になる１年間の内幕(Fraternity: An Inside Look at a Year of College Boys Becoming Men)（未邦訳）』で、男集団の男性は悪いことをしようと思ってやっているわけではないと説明します。フラタニティは、初めて故郷を離れる男性にサポートを提供し、社会的・学問的な不安を分かち合う安全な空間を作り、貴重なリーダーシップ・スキルを育成します。本章の要点は、フラタニティのメンバー全員が性犯罪者であるとか、親は息子に運動部への加入を思いとどまらせるべきだということではありません。実際、私の息子たちは運動部やフラタニティに加入して恩恵を得ました。

しかし、何が許されることなのかを少年たちに理解させるには労力がかかるのです。その方法としては、社会的集団を賢く選ぶこと、そして自分たちが思うよりも性的攻撃行動を支持する人が少ないことを（何度も）学生に思い出させることからスタートするのがよいと思います。もうひとつは、「良き友人、フラタニティの素敵な兄弟たち、素晴らしいクラスメートになることとは、問題となりうる行動がエスカレートする前に介入することだ」ということを学生に理解させるのもよいでしょう。

第8章 職場で倫理的行動を育む方法

2014年10月20日、ラクアン・マクドナルドという名前の17歳の黒人の少年が、シカゴ市警のジェイソン・ヴァン・ダイクに射殺される事件が発生しました。現場に居合わせた数人の警官は、その少年がナイフを持って警官に突進するなど、おかしな行動をとったので発砲は正当だったと説明しました。しかし調査を進めるうちに、驚くべき事実が判明しました。検死の結果、ラクアンは16発も銃撃されていたことが明らかになったのです。さらに現場のビデオ記録から、彼が歩いて立ち去ろうとしたときに最初の発砲が行われていたこと（警官に突進していなかったのです）、彼が地面に倒れた後も発砲が繰り返されていたことがわかりました。この証拠により、警官のヴァン・ダイクは、第2級殺人（訳注：殺意をもって故意に人を殺害したが、計画的ではない殺人）と16件の銃器による加重暴行で有罪になりました。彼には7年弱の懲役刑が言い渡されました。

ヴァン・ダイクがすべての発砲を行ったとはいえ、現場にいた警官は彼だけではありませんでした。現場にいた他の7人の警官が、ラクアンがナイフを所持して向かってきたというヴァン・ダイクの証言を裏付ける報告書を提出しましたが、これはビデオと明らかに矛盾していました。そのため、7人の警官のうち3人が、ヴァン・ダイクの行動を隠蔽する役割を果たしたとして、職権乱用、共謀、司法妨害の疑いで大陪審に起訴されました。ただし、3人全員が無罪になりました。

一人の人間が悪事を働いたにもかかわらず、同僚たちが無視や隠蔽をするというエピソードは、決して特殊ではありません。悪徳商法を無視する従業員から、政府資金の不正使用、所属政党の党首の攻撃的な言動に目をつむる政治家に至るまで、同様の事件はあらゆる業界で発生しています。本章では、職場の悪事に人々が沈黙する要因を調べ、道徳的勇気を育てるために組織が職場文化を変えるための方法を提案します。

あなたは上司と対決できるか？

大学時代のある日、私は上司と一緒に車で打ち合わせに向かいました。上司は駐車場を探すのに苦労して少し車を走らせましたが、打ち合わせに遅刻していたため、障害者用の駐車場に車を停めました。彼は車から降りると、私のほうを向いてニヤッと笑い、足を引きずり始めました。私は何も言えませんでした。

上司を非難しなかった私のような失敗エピソードは、決して珍しくありません。権力者の攻撃的な行為を目撃しても、ほとんどの人は何もしません。そのとき、人は「ここで非難すれば、自分は昇進や昇給の機会を逃すのではないか？　失業したり、トラブルメーカーとして評判になったりするのではないか？」と考えるのかもしれません。

仮定上のことを尋ねられると、人は大抵、自分には悪事に立ち向かう勇気があると答えます。ところが、そのような状況に実際直面すると、ほとんどの人は何も行動できません。それは、善悪の区別がつかない訳でも、状況を冷静に評価する機会を与えれば何らかの介入が必要であることに気づく訳でもないのです。時折、自分自身の信念に基づく行動を、何かが止めているように感じられることがあります。

ワシントン・アンド・リー大学のジュリー・ウッドジッカとイェール大学のマリアンヌ・ラフランスは、人々の発言と行動を比較する研究を行いました。[1]研究者は、若年女性（18歳から21歳）を募集して、就職面接に関するシナリオを読んでもらい、回答を求めました。具体的には、「あなたは、研究助手の職に就くために面接を受けているとします。その面接は学内のオフィスで、ある男性（32歳）を面接者として実施されます。以下に、その男性からあなたへのいくつかの質問を記します。各質問を読んで、あなたならばどう答え、どう感じるのかを記入してください。なお、あなたがどのように反応するべきかではなく、どのように反応すると思うのかを記入してください。あなたが実際にどう行動し、どう考え、どう感じるのかを示してください」というシナリオです。

質問は3つありました。それは「あなたにボーイフレンドはいますか？」「他の人はあなたのことを色っぽいと思っていますか？」「女性がブラジャーを着けて仕事をすることは大切だと思いますか?」という質問でした。

ほとんどの研究参加者(62%)は、なぜそのような質問をするのかと面接者に尋ねる、その質問が不適切なことを伝えるなど、何らかの形でハラスメントの加害者と対決すると回答しました。また、28%の女性は、面接者に手荒に立ち向かう、面接を切り上げるなど、もっと強硬に対応すると答えました。そして、研究参加者の68%が、3つの質問のうち少なくとも1つは回答を拒否すると答えました。この結果は、セクハラに直面したときに、研究参加者は怒りや憤りを感じ、相手との対決を辞さないと考えていることをはっきりと示しています。しかし、本当にそのようにできるのでしょうか?

この重大な疑問を検証するために後続研究が行われました。同じ研究者が、実際の研究助手の仕事と信じて面接を受ける女性の研究参加者を新たに集めました。そして、この研究参加者に、同じ3つのセクハラ的質問を行いました。その結果、1つの質問であったとしても、回答を拒否した女性は1人もいないことがわかりました。そして、ほとんどの人は対決的な姿勢をとらないことも明らかになりました。質問に懸念を感じた人は、面接者に質問理由を尋ねるなど、礼儀正しく敬意を払った方法をとりました。

事前に状況を想定したときには、ほぼ3分の2（62％）の女性が、加害者と対決すると思うと考えていました。しかし、実際にその場に立たされたときに、それができた人は約3分の1（36％）にすぎませんでした。つまり、勇気をもって立ち向かうと想像していても、実際にそのような状況に直面すると、ほとんどの人は行動に移せないのです。

職場でセクハラを経験した女性のほとんどは、セクハラを報告しないことを選びます。その理由を尋ねると、仕事を失うこと、昇進のチャンスがなくなること、あるいは業界でブラックリストに載ることなど、恐れが最も一般的だったそうです。[2]

組織におけるセクハラに関するメタ分析の結果によると、職場でハラスメントを受けた人のうち、上司に報告する人は4分の1から3分の1程度で、実際に正式な苦情を申し立てるのは2％から13％に過ぎないことが明らかになっています。[3] 彼女たちが反発を恐れるのは間違いではありません。

職場におけるジェンダーと多様性の専門家であるジェニファー・バーダールは、このような行動を報告した女性は「トラブルメーカー」となるので、誰も彼女たちを雇いたくなくなり、一緒に働きたくなくなるのです」と述べています。[4] それでは、嫌がらせをしてくる相手が上司だったらどうするのでしょうか？　悪事に直面して沈黙することは、自分に直接的な権力をもつ相手の場合に、特によく認められます。上司に非難の声をあげることのコストは明らかです。

職業会計士を対象にした研究によると、会計士の60％が職場で不正行為（備品の窃盗、経費報告書の誤分類、収支の操作など）を目撃した経験があり、そのうちの半数の人は報告しないことを選んだそうです。[5] このような行為を見過ごした一般的な理由は、報告するほど重大なことではなかった、証拠が不十分だった、他の誰かが報告すると思ったなどでした。しかし、黙認した最も一般的な理由は、職を失うこと、あるいは不愉快な職場環境を経験することへの懸念からでした。

残念ながら、この報復への恐れは、決して見当違いではありません。マサチューセッツ大学アマースト校の研究者は、２０１２年から２０１６年にかけて雇用機会均等委員会と州の公正雇用実行機関に報告された4万６０００件以上のセクハラ被害を調べました。[6] その結果、申請者のうち68％が雇用主から何らかの報復を受けたことを報告しており、実に65％が1年以内に職を失っていたことがわかりました。連邦裁判所の職員１０００人以上を対象とした別の研究では、不当な扱いを訴えた人の3分の2が、同僚から敬遠された、昇進を見送られた、好ましくない仕事に異動させられた、不当に低い業績評価を与えられたことなどが明らかになりました。[7]

このような結果は、労働者が権力のある立場の相手に対して苦情を申し立てた場合に特に多く認められることから、このような状況にあるとき、人々が沈黙する傾向が特に強くなる理由を説明する一助になります。

性差別的、人種差別的、あるいはその他の攻撃的な発言をする指導的立場にある人物に、立ち向かう勇気のある人はほとんどいません。レスリー・アッシュバーン＝ナルドとその研究グループは、遠隔コミュニケーションに関する研究に参加する男女の大学生を募集し、研究参加者には、オンラインチャットで他の2人と協力して求人票を評価すると伝えました。[8] 研究参加者は、グループ・ディスカッションが始まる前にグループ内での役割を決めるためのアンケートに回答しました。各研究参加者は、自分の回答結果が強い傾聴力と対人スキルを示していたことを告げられて、人事オブザーバーの役割を担当することが伝えられました。その役割とは、他の2人のグループメンバーのチャットを聞いてメモを取り、フィードバックするという内容でした。実際には、他のグループメンバーは架空の人物で、会話は演出されたものでした。

ある女性求職者についてのディスカッションで、グループメンバーの1人が次のように文字をタイプしました。それは「役職に就く女は感情的だから、私はよくわかりません。写真があればよかったのに。職場で口うるさい女に我慢して付き合うのは、その人がよっぽどセクシーじゃないと無理です」という内容でした。ある条件では、研究参加者に、このタイプをした人は2人のグループメンバーのうちの1人であることを伝えました。そして、もう一方の条件では、この人が「ボス」に指名されていること、研究に参加した各グループメンバーの報酬額を決定する責任者であることを伝えました。課題終了後、研究参加者は他のグループメンバーに対する認知やコメントを尋ねられました。そして、会ってフィードバックを提供したいかどうかについても質問されました。

あなたは研究結果を予測できるでしょうか？

まず、どちらの条件の研究参加者も、女性への発言が不適切で差別的だったことを認識していました。しかし、その発言をした人物が「ボス」であったときは、研究参加者は、その人物と対決することにあまり関心を示しませんでした。高い権力を持つ人物が性差別的な発言をしたことを伝えられた人のうち、会ってフィードバックをしたいと答えた人は43％で、権力をもたない人物のときではそうしたいと答えた人は68％でした。

同じ研究者による2つ目の研究では、研究参加者は、上司、同僚、部下のいずれかが職場で性差別的、あるいは人種差別的な発言をするというシナリオを読みました。上司役が性差別発言をした場合のシナリオは次のような内容でした。

あなたはソフトウェア会社に勤めていて、次年度の予算目標に関する昼食会議に出席しているとします。会議が終わると、あなたの上司（男性）は会議に出席していた唯一の女性に向かってこう言いました。「ねえ、この昼食会の担当をしたらどうかな？　女性はこういうことが得意なんじゃないの？　メイドとかさ、君も知っているでしょ？」

シナリオは、発言者の役割を調べる試行では「上司」を「同僚」、あるいは「部下」に置き換えました。人種差別的な発言のシナリオでは「男性」と「女性」を「白人」と「アフリカ系米国人」に置き換えました。その後、研究参加者はそれぞれ、その発言が偏見に満ちたものだと思うのか、そして直接的あるいは間接的にその人物と対決すると思うのかを質問されました。

前回の研究と同様に、研究参加者は発言のターゲットや発言者に関係なく、発言の内容を差別的で不適切なものだと感じていました。そして、研究参加者は人種差別的な発言よりも性差別的な発言であったときに、それほど深刻なものではないと考えて、報告する可能性が低くなる傾向が認められました。また、発言者が（同僚や部下ではなく）上司だったときに、介入する責任を感じにくいこと、自分がすると思うことを決められなくなること、発言者に立ち向かうコストが大きいと考えていることがわかりました。当然のことですが、その発言者と対決すると答えた研究参加者の割合も低くなりました。

多くの人は、たとえその行動が極めて深刻な結果を生む可能性があるときでも、権力者の問題行動を訴えることには消極的になります。ある研究は、同僚がミスをしたとき、あるいは安全ではない医療行為を行ったときに、率直に意見を伝えないと生死を分ける可能性がある医療現場でこの問題を調べました。[9] 米国北東部にある2つの大規模医療センターで、インターン(訳注:医科大学卒後研修1年目の実習生)とレジデント(訳注:医科大学卒後研修2〜7年目の研修医)を対象に、医療現場の道徳的勇気を評価するアンケートを実施しました。研究参加者は、以下の記述にどの程度同意するのかを回答しました。

- たとえ対立することで社会的なプレッシャー(例えば、医療チームの先輩からの反対意見、医療ガイドラインなど)を経験することになったとしても、私は患者にとって正しいことをする
- 患者の治療において倫理的なジレンマに直面したときには、決断する前に、自分の職業的な価値観と個人的な価値観の双方が状況にどのように当てはまるかをよく考える
- たとえ自分にリスク(例えば、法的なリスク、評判に関するリスクなど)が生じるとしても、患者にとって正しいことをする
- 私の患者や同僚は、私が道徳的行動の模範となることを信頼している

次に、研究参加者は、手指衛生の不備や滅菌に関する不適切な技法など、患者への危害

のリスクを増大させる可能性のある何らかの患者への安全違反を、前月に何回目撃したのかを尋ねられました。違反を少なくとも1回は目撃したと答えた人には、そのことを関係者に報告したのかを質問しました。

予想通り、先ほどの道徳的勇気尺度の得点が高い研究参加者ほど、患者への安全違反を目撃したときに率直に意見を伝える傾向がありました。ところが、道徳的勇気尺度の程度にかかわらず、インターンは研修医よりも悪事を訴え出ようとする傾向が低いことがわかりました。これらの知見は、医療現場で権威のある人物に異議を唱える必要があるときに、人々がしばしば声をあげられないことを示す他の研究結果と一致しています。医学生や看護師は、全般的に、医師に異議を唱えようとはしません。[10]

権力者と対立することがどれほど難しいのかを示した初期の研究のひとつに、精神科医のチャールズ・ホフリングが考案して1960年代に病院で実施した研究があります。[11]この研究では、ある男性が22日間にわたって、夕方フロアにいた看護師（毎回違う人物でした）に電話をかけて、自分は病院スタッフの医師だと伝え、架空の名前を名乗りました（これは、看護師が彼のことを知らなかったこと、その病院の医師であることも知らなかったことを意味します）。そして、彼女（看護師は全員女性でした）に、アストロテンという薬が手元にあるのかどうかを確認するように依頼しました。これは架空の薬品で、実はその日のうちに備品室に配置した無害な砂糖の錠剤でした。彼女が医師に薬があったことを報告すると、彼はすぐに20㎎の薬を患者に投与するように指示しました（そのときはフロアにいる患者の実名を使用しました）。そして、後で病院に到着したときに投薬指示書に署名すると言いました。ちなみに、その薬品のボトルには最大投与量が10㎎であることが記載されていました。

看護師が指示された量の薬を投与すると、3つのルール違反になることを覚えておいてください。それは、電話で指示を受け付ける、見知らぬ医師からの指示を受け付ける、ボトルに記載された最大量を超えた薬を投与するというルール違反でした。看護師はどのように対応したのでしょうか？　21人の看護師（95％）が、投与量を上回る薬を持って病室に入ろうとして研究者に止められました。

この研究は1966年に発表されたものです。したがって、医師と看護師の力の不均衡は、50年以上前よりも極端ではないだろうと考えるのが妥当だと思います。特に患者にとって重大な結果をもたらす可能性があるときは、看護師は、疑わしい命令に異議を唱えることに抵抗を感じないかもしれません。しかし、本当にそうなのでしょうか？

リーダーシップ研修会社のバイタルスマート社の研究者は、この状況が変わったのかどうかを確認するために、2383人の看護師から提出された報告書を調べました。それは職場で起こりうる問題について発言したり、他の人に話を聞いてもらったときに苦労したりした経験に関する報告書でした[12]。その結果、ほとんどの看護師（58％）が、率直な意見を伝えることが危険だと感じた、あるいは発言したけれども他の人に聞いてもらえない状況を経験したと報告していたことがわかりました。看護師の17％は、少なくとも月に数回はこのような状況を経験したと回答していました。これらの問題の多くは、手を十分に洗わなかった、手袋を交換しなかった、安全チェックを怠ったなど、職場の同僚の危険なショートカット行動に関係していました。そして、看護師の84％が同僚の危険なショートカット行動を見たと報告し、看護師の2・6％がこうしたショートカット行動が患者への危害につながったと考えていました。ところが、このような行動をとった人物と十分に懸念を共有していた看護師は31％にすぎませんでした。

悪事が後を絶たないのは、ほとんどの人が異議を唱えて犠牲を払わされることを恐れているからです。つまり、報復を恐れるあまり、もっとひどい行動に直面した場合でも声をあげないため、この沈黙のサイクルが幾度となく繰り返されるのです。ラリー・ナサールによるたび重なる性的虐待を経験した若い体操選手の多くは、チームドクターの治療に苦情を言うこと、あるいは疑問を呈することは、自分がオリンピックの代表入りするチャンスを失うことになるのではないかと心配していました（訳注：米国体操連盟性的虐待事件）。選手たちの懸念はおそらく当たっていたのです。

沈黙することの仕事上のメリット

報復を受ける可能性が低い場合でも、人は、時として個人的な動機から悪事を見過ごすことがあります。企業の不正行為では、他者の非倫理的行動を無視することで、その人は直接的な利益が得られる場合があります。カート・アイヒェンワルドが著書『愚か者たちの陰謀（Conspiracy of fools : A true story）（未邦訳）』で明らかにしたように、エネルギー会社エンロン（訳注：巨額不正会計事件を起こして2001年に破綻）の経営者、弁護士、顧問などを含む多くのリーダーたちは、同社が高株価を維持するために何十億ドルもの負債を隠していたことに気づいていたにもかかわらず、その問題を明らかにしようとはしませんでした。エンロンが財務諸表の定期的な監査を行うために雇っていた有名な会計事務所アーサー・アンダーセン（訳注：世界有数の会計事務所だったがエンロン事件がきっかけで2002年に解散）の複数の幹部たちは、損失を隠そうとする不正行為のことを認識していました。一人の人間がどこまで知っていたのかはその人物の立場によって異なりますが、彼らの多くは、見て見ぬふりをして金銭的な利益を得ていました。その結果、エンロンの創業者のケネス・レイ、CEO（訳注：最高経営責任者）のジェフリー・スキリング、CFO（訳注：最高財務責任者）のアンドリュー・ファストウを含む16人が金融犯罪を認めて有罪、さらに5人が有罪となりました。しかし、それ以上に多くの人たちが、何が起きているのかをある程度知っていながら、この事件を止めるために何もしなかったのです。

エンロンの破綻は大きな注目を集めましたが、何年も報道されなかったホワイトカラー犯罪（訳注：企業の経営陣・管理職など、高い政治的・経済的地位を有する人々によって行われる横領・背任などの犯罪のこと）はこれだけではありません。2005年には、民間軍事会社タイコのCEOのデニス・コズロウスキーとCFOのマーク・スワーツが、会社から4億ドル以上を不正流用して有罪判決を受けました。彼らは、株式詐欺や不正なボーナス受給を含むさまざまな金融犯罪を行っており、会社の資金を流用して巨大な邸宅や高価な宝石を入手し、桁違いに派手なパーティーを行うなどの贅沢なライフスタイルを送っていました。2018年には、ホルヘ・サモラ＝ケサダ医師が医療詐欺で逮捕・起訴されました。彼は、高額医療を行うために、患者を重病や末期の病気と偽って診断するなどして2億4000万ドル以上の虚偽の医療費を請求した罪に問われています。彼はこの詐欺によって、多数の住宅用不動産、高級車、自家用飛行機を購入していました。

非倫理的な企業行動は、トップニュースを飾るようなケースに限定されません。このような行動は、あらゆる規模の企業で常に発生しています。架空の領収書を提出する、個人的な経費を業務上の経費であるかのように申請するといった経費精算の不正は、大企業（従業員数100人以上）の不正の11％、中小企業の不正の21％を占めています[13]。数年前、私の同僚は、子どもの学用品、家族のホリデーカードの切手、フロリダでの家族旅行の費用など、さまざまな個人的なものを定期的に大学に請求していました（この慣行は、大学事務局が関与するようになってやっとなくなりました[14]）。

世界中の政治家は、個人的な支出を事業費として請求することがよくあります。例えば、英国の国会議員が、マッサージチェアやキットカットバー（訳注：お菓子）、一族が所有する土地の堀の清掃費などを請求していたことが発覚しています[15]。また、カリフォルニア州選出の共和党下院議員ダンカン・ハンターは、選挙資金から25万ドル以上をイタリア旅行や息子のゲーム、一家で飼っていたウサギのエッグバートちゃんの航空券などに支出していたことで訴えられています[16]。

これらの事例に共通するものは何でしょうか？　事務用品の棚からペンを持ち出すことと、家族旅行を事業経費として計上する行為では、明らかに不正の規模が違います。しかしすべての事例で、何が起きているのかを知っていながら、見て見ぬふりをすることを選んだ人たちがいたのです。それは、経費の処理を担当した事務アシスタント、あるいはウサギの旅行領収書を見た選挙管理委員会の会計係、もしくは会社の税務申告書を検証した監査法人かもしれません。しかし、私たちがその人の立場であれば、ほとんどの人が同じ選択をしたと思います。悪事を働いた人を非難すれば、特にその人物が権力のある立場に就いていたときに、仕事上、大きな影響を被る可能性があるからです。

悪事を無視して利益を得るのは個人だけではなく、雇用主も同じです。特に高い地位に就いている人にその傾向が認められます。ベイラー大学のマシュー・クエイドとその研究グループは、全米のさまざまな職種の従業員とその上司300組以上のデータを収集しました。[17] 上司は、従業員の非倫理的行動、例えば勤怠報告書や経費報告書の改ざん、機密情報の不正使用などと、業務全般の習熟度を評価しました。そして、従業員は職場でどの程度仲間外れにされていると感じているのかを評価する尺度に回答しました。この研究における仲間外れとは「職場で他の人に無視された」「職場で他の人に、まるであなたがそこにいないかのように扱われた」などの記述を通じて評価されました。

その結果、非倫理的行動と仲間外れの関係は、従業員の生産性によって異なることが明らかになりました。生産性が低い従業員では、非倫理的行動への関与は仲間外れにつながるものでした。ところが、上司から生産性が高いと評価された従業員では、非倫理的行為と仲間外れの間に関連は認められませんでした。研究者は、従業員が組織にとって価値ある存在のときは問題にしない悪事も、業務成績が悪い従業員では公然と非難される可能性が高いことを指摘しています。言い換えれば、「高い業務遂行能力には非倫理的行動を相殺する働きがあるかもしれない」のです。

この知見は、21世紀フォックスが、2017年にフォックス・ニュースのトップクラスの司会者だったビル・オライリーとの契約を延長したこと、彼による複数のセクハラ被害の訴えを認識していたにもかかわらず、年間推定2500万ドルを彼に支払うことに合意した理由を説明するのに役立ちます。オライリーは、最終的にフォックス・ニュースから解雇されましたが、それはセクハラに対するクレームと関連する和解が公になった後でした。おそらく、その時点で広告費の損失という金銭的な代償に耐えきれなくなったのだと思われます。

悪事に立ち向かう社会的なコスト

1968年3月16日、米兵がミライ村に住む推定500人のベトナム民間人（老人、女性、子どもたち）を殺害しました（訳注：ソンミ村虐殺事件のこと）。数十人のベトナム人住民が用水路に突き落とされ、それから射殺されました。この大虐殺が繰り広げられているときに、ヘリコプターのパイロットだったヒュー・トンプソン・ジュニア准士官は、何が起きているのかを目の当たりにしました。攻撃を指揮していたのは大尉や中尉たちでしたが、トンプトンは、ヘリコプターを兵士と民間人の間に着陸させて兵士に虐殺をやめるように命じました。そして、発砲を続ける者にはヘリコプターの機関銃を使うと言って脅しました。彼の行動がこの虐殺を食い止めたのです。

これは、私たちの多くが知っているミライ村の物語です。しかし、これは完全なストーリーではありません。ヒュー・トンプソンは、勇気のある介入を行った後、指揮官に事件の公式報告を行いました。そして、その後、虐殺のニュースが公になると米国下院軍事委員会に報告しました。彼の行動は、同僚の兵士と一般市民の双方から激しい批判を浴びました。[18]

トンプソンは、２００４年に60ミニッツ（訳注：米国の人気ドキュメンタリー番組）で「電話で殺害予告を受けました」と語っています。さらに「朝起きると、動物の死骸や切り刻まれた動物がポーチに置かれていました」と述べています。[19] 彼の英雄的な行為が正式に認められたのは、虐殺事件から30年後の１９９８年３月６日でした。そのとき、彼にソルジャーズメダル（敵との戦闘を伴わない英雄的行為に与えられます）が授与されました。

どのような職場環境でも悪事に立ち向かうコストは相当なものになりますが、忠誠心を重視する職場文化ではそれが一層強まります。軍隊や警察が最たるものです。全米の警官３７００人以上を対象にした調査では、約80％が警察文化には沈黙の掟があると回答しました。他の警官の不正行為を個人的に目撃したけれども報告しなかった、と回答した人の割合は実に46％に上りました。[20]

たくさんの警官（とりわけ勇気のある人たちです）が、悪事を報告しないのはどうしてでしょうか？　通報しても無視されると思っている、懲戒処分を恐れている、他の警官から黙っているように圧力を受けているなど、いくつかの要因があげられます。しかし、沈黙を正当化する理由として最も多く挙げていたのは、他の警官から仲間外れにされることを恐れているからでした。

元シカゴ市警のロレンゾ・デイヴィスは「沈黙の掟は、家族との関係によく似ていると思います。あなたは自分の家族の秘密を誰かに教えることはないはずです。あなたが何かを知っていたとしても、何も言う必要はありません。あなたに相棒がいれば、あなたはその相棒をバックアップするのです」と述べています。[21]

悪質な場合でも、そしてたとえ問題となる行動が価値観に真っ向から反するものだったとしても、組織への忠誠心から、悪事を無視する人があまりにも多いのです。宗教の世界ほど、この断絶が明白なところはないかもしれません。

体操選手のレイチェル・デンホランダーは、ラリー・ナサールに性的虐待を受ける前の幼い頃、別の男性から虐待を受けていました。バプテスト教会の大学生が、彼女がまだ7歳のときに特別扱いし始めたのです。大学生は、彼女にプレゼントを買い与え、日曜学校の送り迎えをし、定期的に抱きしめて、自分の膝の上に座るように促しました。教会の性的虐待支援グループを率いていたカウンセラーは、大学生の行動が性的虐待の前兆である可能性が高いことに気づいて、彼女の両親に警告しました。しかし、彼女の両親が聖書研究会の友人たちに相談したところ、何も行動を起こさないことを強く勧められました。友人たちは大袈裟だと言いました。ある家族は、次は自分たちが訴えられるかもしれない、と心配してデンホランダー家との付き合いをやめました。そのため、レイチェルの両親は何もしないことを選びました。それから2年後、大学生が教会を去ってから、レイチェルは自分の両親に、ある日の夕方、彼女が大学生の膝の上に座っていたときに、彼が自慰をしたことを相談しました。しかし、両親はそのことを誰にも話しませんでした。彼女の母親は、ワシントン・ポスト誌の記者に「私たちは一度相談しましたが、信じてもらえませんでした。それに何の意味があるというのでしょう？」と述べています。[22]

数十年にわたって、ローマ・カトリック教会が神父たちによる性的虐待を隠蔽してきたという悲惨な記事を、誰もが読んだことがあると思います。しかし、他の宗教団体も免責される訳ではありません。例えば、テキサス州の南部バプテスト連盟の指導者（訳注：米国最大のプロテスタント教派で2019年に性的虐待の疑いが報道）、福音主義キリスト教のボブ・ジョーンズ大学の当局、そしてニューヨーク市の超正統派ユダヤ教のコミュニティの指導者による性的虐待が見過ごされていたという話が浮上しています。ニューヨーカー誌のエイミー・デビッドソン・ソーキンは、宗教界やその他のコミュニティで、被害者がトラブルメーカーのように扱われる理由のひとつとして「コミュニティを大切にすることとは、コミュニティの最も弱いメンバーよりも、最も有力なメンバーを守ることだという幻想がある」と記しています。[23]

悪事につながる危険な道

2018年の秋、米国心理学会は、ダートマス大学の心理・脳科学学科の在学生と元学生たちが同大の著名な3人の教員による16年以上の不適切な行動（セクハラや暴行を含みます）を訴えたニュースを聞いて唖然としました（2019年8月にダートマス大学は責任を認めませんでしたが1440万ドルで和解しました）。ハーバード大学感情神経科学・発達研究所のリア・サマービル所長は、ダートマス大学の大学院生だった自らの経験を振り返って「有害な規範が存在する環境に身を置くと、自分がその規範に染まっているのか自分ではわからなくなります。例えば、私が在籍していた当時、特定の教員たちが研修生の性生活に関するジョークを研究室や公の場でよく言っていました。最初はとても不快でした。しかし、そのようなやりとりが定期的に行われ、もっとひどくなるにつれて、段々恥ずべきものとして感じられなくなっていきました。身近なところで、社会的規範が変化したのです。このように、さまざまな行動が許容されるにつれて、他の不適切な会話や行為も常態化する危険性があります」と述べています。[24]

多くの場合、有害な環境は少しずつ拡大します。同じように、非倫理的行動はちょっとしたことからスタートしますが、それを継続するうちにスケールが大きくなります。集団の個々のメンバーは、不適切な行動が起きていることに気づいていたとしても、他のメンバーはそのような行動を問題視していないと考えるため、沈黙している場合があります。このようにして、集団規範は、時間の経過とともに徐々に変わっていくのです。

このプロセスは、ドナルド・トランプが大統領候補だった当初、激しく反対していた共和党員の多くが、当選後に彼を支持するようになった理由を説明するのに役立ちます。トランプは、選挙戦の大半を共和党の権力者を嘲り否定することに費やし、自分がアウトサイダー（訳注：部外者）であると強調しました。そのため、共和党指導者の多くが予備選挙の際に彼を支持しなかったこと、そしてトランプの政策の重要な柱に深刻な懸念を表明したことには驚きませんでした。当選前、多数の共和党の指導者がトランプの攻撃的な言動や政策に懸念を示しており、メキシコ人を強姦魔と表現したり、イスラム教徒の入国禁止を提案したり、女性の「アソコ（訳注：女性器のこと）」を鷲掴みして自慢することに異議を唱えていました。

私が気になったのは、彼が大統領に選出されたときに、上院議員や下院議員がどう反応するのかでした。私が失望したのは、最も声高に批判していた議員たちが、すぐに熱烈な支持者に変わったことでした。トランプが当選する前、サウスカロライナ州選出の上院議員リンゼー・グラハムは、彼のことを「間抜け」「変人」「人種差別主義者」「外国人嫌い」「宗教的な偏屈者」と表現していました。彼は「米国を再び偉大にする方法をご存知ですか？地獄に落ちろ、とドナルド・トランプに伝えることです」とまで言っていました（訳注：米国を再び偉大に、というフレーズはトランプのスローガンとして使用された）。[25] グラハムは、トランプに投票しないという自らの決断を誇らしげにSNSに投稿しました。ところが、彼は選挙後に態度を一変させました。彼はトランプ大統領と定期的にゴルフをするようになり、フォックス・ニュースで「我々は、私が8年間夢見てきた大統領と国家安全保障チームを手に入れました」と宣言しました。[26]

この突然の方向転換を、単なるご都合主義の問題として片付けることはできません。一部の顕著な例外を除いて、共和党の道徳的指針が変化したかのように思えるときがあるのです。このことについて、辛口の保守派論客であるデイヴィッド・ブルックスは「トランプを支持することには、道徳的な距離を設ける日々の行動が求められます。それは、数ヶ月もたてば、あなたがどんな腐敗にも寛容になることを意味するからです。あなたは、あらゆることに対する道徳が麻痺してきます」と述べています。[27] 元FBI長官のジェームズ・コミーもまた、トランプ政権の多くの人々が、どうして彼の不正を認めようとしないのか、立ち向かわないのかという疑問に取り組んでいます。ニューヨーク・タイムズ誌の意見記事で、彼は「トランプが公私ともに嘘をついているときに、あなたがずっと口を閉じていれば、それは沈黙を通じて彼に加担することになります」と指摘しています。そして、彼は次のように続けています。

トランプ氏との会議では「誰もが考えていること」や「明らかに真実であること」についての彼の主張が、あなたに押し寄せてきます。異議は唱えません。彼は大統領ですし、めったに話をやめないからです。そうすると、結果的に、トランプ氏はその場にいるすべての人を無言の同意の輪に引きずり込んでしまいます。次にトランプ氏は、あなたが常々守るべきだと言っていた、過去の指導者たちが強力なサポートを与えていないことを批判していた、大切な制度や価値観について非難を始めます。あなたは、ここでも意見を口に出せず、沈黙したままです。[28]

そのプロセスは、沈黙することから始まりますが、次第に黙認へと変わっていきます。そして、最後になれば、自分たちが深刻な欠陥があると考えていた政策や人物を支持するようになります。コミーに言わせれば、「世界中が注目する中、あなたはテーブルを囲む他の人たちと同じように、リーダーがいかに素晴らしいか、彼と関わることがどれほど名誉なことなのかを語ります。あなたは、彼の言葉を使い、彼のリーダーシップを称賛し、価値観に対する彼の貢献を褒めちぎります。そうなると、あなたはおしまいです。あなたの魂は彼に食べられてしまいました」ということになるのです。

共和党のたくさんの指導者たちがこのように緩やかに変わったことは、多くの人にとって不可解なことかもしれませんが、社会心理学者にとっては理解できることでした。第1章で説明したミルグラム研究の実験参加者のほとんどは、権威者の命令に従って無実の人に危険な電気ショックを与え、与える電気ショックの強さは時間とともに徐々にエスカレートしていったからです。ひとたび最初の電気ショックを与える道を歩めば、それがわずか15ボルトの微弱な電気ショックであったとしても、心理的に抜け出すことが非常に難しくなります。

共和党の指導者たちが、候補者期間にはトランプの攻撃的な発言を批判していたにもかかわらず、トランプが大統領になってからは攻撃的な発言に反対意見を述べることが難しくなった理由も同じです。おそらくその人たちは、税金が安く、保守的な裁判官が多く、移民が少ない、誇り高く安全な米国、という彼が売り込んでいた大きなビジョンを信じていたのでしょう。また、良くも悪くも、同じ道をさらに進むことで、過去の支持を正当化する必要があったのかもしれません。実証的研究が教えるように、一度間違った方向に小さな一歩を踏み出すと、軌道修正するのは難しくなります。

ノースカロライナ大学のフランチェスカ・ジーノとハーバード・ビジネス・スクールのマックス・バザーマンは、時間をかけて少しずつ悪事が積み重なっていったときに、人は悪事を報告しにくくなるのかを調べる一連の研究を計画しました。彼らは、研究参加者に「監査人」になってもらい、瓶の中の小銭の数について他の人が出した推定値を受け入れるのかどうかを判断してもらいました。[29] 推定者の中には、時間をかけて徐々に数字を膨らませていくケースもあれば（1回につき40セントずつ、わずかに増加させていくパターン）、もっと急激に数字を変えるケースもありました（4ドルも急増するパターン）。その結果、漸進的な変化条件では監査人の52%が見積もりを承認したのに対し、急激な変化条件では24%しか承認しませんでした。論文の著者は、この違いは「茹でガエル効果（boiling frog effect）」によるものだと考察しています。茹でガエル効果とは、沸騰したお湯に落としたカエルはすぐに飛び出しますが、ゆっくりと沸騰させたぬるま湯に落としたカエルは、温度の緩やかな上昇を認識できず、手遅れになるまでじっとしているという考え方に由来しています。

企業不正の実例は、悪事の誘惑につながる危険な道について、一層強力な証拠を提示します。不正会計で起訴された13人の財務幹部への聞き取り調査から、ほぼすべてのケースで、彼らの行動が徐々にエスカレートしていったことが判明しています。ある元最高財務責任者は「犯罪は小さなことから始まり、とてもゆっくりと進行します。まず、帳簿から外れた仕事をします。それは犯罪ではない、大丈夫だという人もいるので、我々はそれを合理化して犯罪ではないと言ってしまうのです」と語っています。そして、一度悪事の道を歩み始めると、あなたがそこから抜け出すのは本当に難しくなります。このことについて、元理事は「最初に一線を越えたときは、まるで取るに足りないこと、無害でなんでもないことのように感じるかもしれません。しかし、その一線を越えると、あなたは段々とその中に踏み込んでいかなければならなくなるのです」と述べています。[30]

職場文化を変える方法

問題行動は、企業や大学、軍や諜報機関、病院や警察に至るまで、あらゆる組織に損害を与えます。公認不正検査士協会の報告書によると、従業員による非倫理的行動は、ほとんどの組織で年間収益の約5％に相当するコストになることが明らかになっています。[31] もちろん、先ほどのビル・オライリーや映画プロデューサーのハーヴェイ・ワインスタイン（訳注：映画界で大成功を収めたが、過去の性暴力事件とその隠蔽工作が発覚し、逮捕・収監）のような極端なケースでは、財務的な負担が大幅に増えます。

上層部の毒性は下層部に伝染する傾向がありますが、このような悪事をなくすためには、一部の悪質な行為者を特定するだけでは不十分です。そうするためには、職場文化をもっと広範に変える必要があります。つまり、職場は、同僚の悪事をかばうところではなく、正しい倫理的行動をするところだという文化を醸成する必要があるのです。

ラクアン・マクドナルド銃殺事件後に、シカゴ市議会での演説で、ラーム・エマニュエル市長（訳注：２０２１年から駐日米国大使）はシカゴ市警の沈黙の掟について「この問題は、シン・ブルー・ライン（Thin Blue Line）（訳注：警察の概念を示す言葉）と呼ばれることもあります。この言葉には、同僚の警官の悪事を無視したり、否定したり、場合によっては隠蔽したりする傾向という意味もあります。いかなる警官も、法を守る責任があるからとって、法を超越した存在であるかのように振る舞うことは許されるべきではありません。警察内に沈黙の掟があることを許し続ければ、我々は、犯罪が多発する地域の市民に沈黙の掟を破るように求めることはできないのです」と語っています。[32]

問題に対して声をあげることを抑制する主な要因のひとつは、私たちが社会的な結果を恐れているからです。同僚の非倫理的行動を通報した人は、しばしば「ネズミ」や「密告者」と表現されます。もっと中立的な「内部告発者」というレッテルを貼られた人であっても、疑いの目で見られることが多いのです。ジェフリー・ワイガンドは、雇用主のタバコ会社ブラウン・アンド・ウィリアムソン（訳注：２００４年に他社に吸収合併）が、タバコの依存性を高めるために意図的に化学物質を添加していたことを明かしました。著書『企業内部告発者のためのサバイバルガイド（The Corporate Whistleblower's Survival Guide: A Handbook for Committing the Truth）（未邦訳）』の序文で、彼は「内部告発者という名称を変える必要があります。なぜかって？　この呼び名には、ネズミ、告げ口屋、スパイ、裏切り者などの侮蔑的な意味合いが含まれているからです」と記しています。[33] 彼の代替案はどのような名称でしょう？　それは「良心の人」という呼び名です。

倫理的なリーダーを雇う

それでは、すべての人の行動において、倫理的行動を真に重視する文化を創造するために、組織は何をすればよいのでしょうか？　多くの事柄がそうであるように、組織の倫理的文化はトップから浸透します。ニューヨーク大学スターン・スクール・オブ・ビジネスで倫理的リーダーシップの教授を務めるジョナサン・ハイトは、「リーダーは、単に収益目標を達成したり、事業の成長を促進したりするだけではなく、中核となる価値観に基づいて雇用、解雇、昇進を行う意思を持たなければなりません」と強調しています。[34]

ハイトが代表を務める非営利団体エシカル・システムズは、倫理的で誠実、そして道徳的な意思決定を促進する企業文化を創造するための、研究に基づく実践法を企業に提供しています。[35] 彼からの最初のアドバイスは、リーダー自身が、言葉だけではなく行動においても倫理的行動の模範となるべきだというものです。その中には、会社が苦境に陥った場合には減給することや、投資家に損害を与える可能性がある儲け話から手を引くことも含まれます。ハイトや他の人々は、利益よりも顧客の健康を優先したリーダーとして、ジョンソン・エンド・ジョンソン社の元CEOジェームズ・バークをあげています。1982年に青酸カリが混入されたタイレノール（訳注：解熱鎮痛剤）を服用して7人が死亡した事件が発生した後（訳注：タイレノール殺人事件）、彼は3100万本以上の鎮痛剤の回収を命じました。また、ザッポス（訳注：米国のアパレル関連の通販小売店）のCEOであるトニー・シェイは、社員と同じ大きさの個室を使うこと、社内のヒエラルキーを減らすこと、そして全従業員の個人的な責任を優先することによって同社で道徳的リーダーシップを発揮していたことを指摘しています。

ハイトは、従業員から高い倫理性をもつと評価されるリーダーには、いくつかの共通点が認められることを指摘しました。第1に、彼らは良心的です。それは、人のことを気にかけて、思慮深く、細かいところまで配慮する人物であることを意味します。[36]このような特性をもつリーダーは、短絡的な行動はとらず、へまをして失敗しません。第2に、彼らは自らの道徳的なアイデンティティ、つまり、自分は正直なのか、面倒見が良いのか、思いやりがあるのかを重要視します。[37]また、倫理的なリーダーは、公正、正義、人権の原則に注目しつつ、道徳的な問題を複合的に考える傾向があります。[38]

企業は、倫理的なリーダーシップは報われること、倫理的な抜け道を歩むことは報われないことを肝に銘じるべきです。ハーバード・ビジネス・レビュー誌に掲載された研究によると、従業員から、誠実性、責任感、寛容性、思いやりなどの性格面で高評価を受けたCEOの2年間の平均総資産利益率（訳注：総資産利益率は会社が持っている総資産を利用してどの程度の利益を上げているかを示す指標）は9・35％で、低評価を受けたCEOの約5倍に達しました。[39] 最も高い性格的な評価を受けたリーダーは、正しいことのために立ち上がる、公共の利益に関心を示す、（自分自身や他人が犯した）過ちを許す、共感を示すと従業員から認められています。最低評価のリーダーはその逆です。リーダーは、嘘つきだ、約束を守ると言っても信用できない、問題を他人のせいにする、ミスをしたことで人を罰する、他人への配慮をほとんど示さないと従業員は認識しています。倫理的なリーダーは、従業員により良い行動を動機づけて、それが利益の向上を生むのです。

倫理的なリーダーシップが有効な理由はいくつか考えられますが、その多くはおそらく相関関係にあります。[40] 倫理的なリーダーのいる企業で働く人は仕事への満足感やコミットメントが高くなりますが、その理由のひとつは、リーダーが自分たちを大切にし、公平に扱ってくれていると感じるからです。その結果、そのような企業では離職率が低下します。また、従業員はリーダーを模範として行動するため、コストを生む非倫理的行動が起きる可能性が低下します。倫理的なリーダーシップを重視する企業で不正に気づいた従業員は、その不正行為を経営陣に報告する傾向が高くなります。なぜなら、従業員は報告するという決断が報復されることなく評価されること、そして公正で適切な手続きが踏まれることを信頼しているからです。その結果、問題行動はエスカレートすることなく、比較的早期の段階で止めることができます。

倫理的行動の模範となるリーダーを見つけることは、非常に重要です。なぜなら、有力な地位に就いている強い立場の人は、弱い立場の人よりも、道徳的に正しい道を歩もうとする傾向が弱いことを示す証拠が存在するからです。ノースウェスタン大学とオランダのティルブルグ大学の研究者は、実験参加者（オランダの大学生）を高権力、あるいは低権力の役割のいずれかに割り当てる一連の研究を実施しました。[41] 高権力群の実験参加者は首相に、低権力群の実験参加者は公務員になったとイメージしてくださいと指示されました。そして、実験参加者は、次の3つの道徳的ジレンマに関する記述を読んで回答することが求められました。道徳的ジレンマは、（1）約束の時間に遅れたときに、道路が渋滞していないようならばスピードを超過する、（2）副業で稼いだお金を税金の申告書に記入しない、（3）盗難自転車を見つけても警察に届けずに放置する、という内容で、それが許容できるかどうかを答えました。実験参加者の半数には、そのような行動が一般的に受け入れられるのかどうかを質問しました。残りの半数の実験参加者には、自分自身がそのような行動をとってもよいと思うのかどうかを尋ねました。

権力は道徳的判断に影響を与えたのでしょうか？　もちろん、その通りでした。低権力群は、一般的に、それらの行為を自他ともに同等に許されないと判断しました。そのうち、2つの道徳的ジレンマでは、自分の行為を他人の行為よりも厳しく判断していました。ところが、高権力群では、同じ行為であったとしても、他人が行った場合は、自分よりも容認し難いと一貫して評価していたのです。

この研究は、あらゆる指導者にしばしば認められる偽善についての洞察を与えてくれます。この研究の知見は、権力者はたとえその権力が短期的に行使され、無作為に割り振られたものだとしても、自分より他人に、高い道徳規範を課すことを示唆しています。この研究論文の著者の一人であるアダム・ガリンスキーは、研究結果と最近のスキャンダルとの関連性について「例えば、小さな政府を唱えながら私的な利益のために公的資金を使用する、家族的価値観を唱えながら不倫や浮気を行う政治家がいます」と指摘しています。[42]それ以外にも、プライベート・ジェット機を所有しながら貧しい人々を助けることを説く牧師や、女性の尊厳や地位向上を積極的に宣伝する一方で、実はセクハラをしていたハリウッドの有名人など、このようなスキャンダルは枚挙にいとまがありません。

口先だけでなく、行動する倫理的なリーダーを採用するために、企業は何をすればよいのでしょうか？ ジョナサン・ハイトは、目先の短期的な利益（非倫理的な行為は短期的には利益を生む可能性があります）ではなく、会社の長期的な展望（非倫理的な行為は長期的には深刻な結果を生む可能性があります）を重視するリーダーを選ぶことを勧めています。そして、そのようなリーダーは、自分にも他人と同じルールを設定するべきです。倫理的行動の模範となるリーダーがいるからといって、全従業員がそれに従うようになるわけではありません。ただし、それは第一歩として不可欠です。

非倫理的行動を容認しない

オープンで倫理的な文化を育てたいと考える組織は、非倫理的行動を容認しないことを複数の階層で明確化しなければいけません。そのメッセージは、会社のリーダーや上司だけではなく、職場の仲間や同僚たちからも発信する必要があります。倫理研修は画一的であってはならず、その方法は職場に戻る前に中途半端にクリックするだけのオンラインビデオに限定されるべきものでもありません。リーダーには、大なり小なり道徳的に行動することを従業員に期待していることを伝えるトレーニングが求められます。

非倫理的行動を早期の段階で止めることは大切です。なぜなら、不正行為は時間経過とともにエスカレートする傾向があり、個人は自らの初期の不手際を正当化しようとするからです。ニューヨーク・タイムズ誌の記者だったジェイソン・ブレアは、多数の記事の捏造・盗用が発覚して2003年に辞職しました。このことについて、彼は「悪事につながる危険な道は、一度だったら大丈夫だと考えてスタートしますが、その一線を越えると、『自分は善良な人間で、そんな人間がこんなことをするのだから、これはきっと平気だ、自分がこれを大丈夫なものにするんだ』と、どうにかして正当化しなければいけなくなります。そうなると、もっと容易に不正に手を染めるようになります」と説明しています。[43]

企業は、不誠実につながりかねない行為を制限するルールを設けることからスタートする方法があります。例えば、製薬会社からの贈り物を禁止している病院があります。実際、このような企業から、特典（食事、有給講演、豪華なリゾート旅行など）を受け取っていた医師は、多くの処方箋を書き、高価な薬を推奨することが判明しています。[44] 米国医師会誌に掲載された研究では、このような贈与制限政策が実施される前と後で、19の学術医療センターで出された処方箋の数を比較しました。[45] その結果、有名な先発医薬品の処方が5％減少していることがわかりました。これは小さな変化に聞こえるかもしれませんが、数十億ドル分に相当します。

また、組織は、あらゆる従業員が同じ倫理基準に従うことを明確にする必要があります。企業のリーダーは、多額の助成金をもたらす学者、著名な顧客を持つヘッジファンド・マネージャー、アカデミー賞を受賞した映画プロデューサーなど、いわゆる「スター」と呼ばれる人物の悪事のときは、彼らに疎外感を与えたり、彼らを失ったりするわけにはいかないと考えるため、気づかないふりをしがちです。「スター」が問題行動から逃れているのを見た従業員は、組織が非倫理的行動を容認していると理解します。これでは、ルール違反を報告する意欲を減退させ、従業員が非倫理的行動をとる傾向を強めます。

カリフォルニア大学アーバイン校のクリストファー・バウマンと、南カリフォルニア大学、ミシガン大学の研究グループは、研究参加者に物語を読んでもらい、経費報告書に嘘を書く、事務用品を盗むなどのよくある不正を罰することに、人々がどの程度積極的なのかを調べました。[46] このような不正は比較的小さな違反のため、従業員は大したことではないと思うかもしれませんが、時間の経過とともに積み重なっていくと企業にとっては大きなコストになります。研究の結果、研究参加者は、企業の上層部も不正を行っていることを知ると、不正を行った従業員を処罰することに積極的ではなくなることがわかりました。会社全体で倫理的行動を育成したいと考えるCEOは、この知見を心に刻むべきです。

企業不正に対抗するもうひとつの方法は、強力な報復防止方針を作成することです。ノースカロライナ州立大学とバックネル大学の研究者は、報復の恐れがないときに、従業員が社内の適切な関係者に不正行為を報告する傾向が有意に増加することを明らかにしました。[47] この方法は、上場企業に特に有益です。これを取り入れれば、企業は不正行為で事態が深刻化し証券取引委員会から通告を受ける前に、問題に対処することができます。

企業は、内部告発が将来の問題回避に役立つことも念頭に置く必要があります。アイオワ大学ティッピー・カレッジ・オブ・ビジネスのジャロン・ワイルドは、労働安全衛生局への内部告発を受けた大手の上場企業317社を調査しました。[48] その結果、告発を受けた企業は、告発を受けなかった企業と比べて、その後の2年間、不正会計や脱税・申告漏れなどの不正行為が少なかったことが判明しました。ワイルドは、通報を受けた企業は、将来の法的問題のリスクを減らすために、自社の会計慣行に一層慎重になったと考えています。

これらの研究から何が得られるでしょうか？　あらゆるレベルにおいて、非倫理的行動を容認しないという方法は利益をもたらします。倫理的行動が期待されていること、必要だと認識している従業員は、間違った方向に小さな一歩を踏み出す誘惑に駆られることはないでしょう。さらに、従業員は問題行動を気軽に報告するようになるため、問題を早期に解決できます。倫理的行動が全従業員に優先される文化を作るには、企業規範を変える必要があるかもしれませんが、最終的にはそれが利益を生みます。

きっかけや注意喚起のメッセージを作成する

倫理的行動に人々を向かわせる最もシンプルな方法のひとつは、さりげなく注意を喚起することです。多くの大学では、試験開始時に、援助を与えたり受けたりしなかったことを証明する名誉誓約書への記入・署名を学生に求めています。この方法は、正直に学業に取り組むことの重要性を学生に再認識させ、試験に臨む学生自身の行動への自己意識を高めるために考案されたものです。第２章で説明しましたが、自己意識を高めると、グループ課題で労力の拠出を控えようとする傾向が弱まります。それは、私たちは皆、自分は道徳的に正しいことをする善良な人間だと思いたいからです。そのため、自分の名前を書かせるなどの自己意識を高めるちょっとしたきっかけでも、人を倫理的行動に向かわせることができます。

ボストン大学クエストロム・スクール・オブ・ビジネスのニーナ・マザールとその研究グループは、行動規範への署名が実際に非倫理的行動を減らすのか検証するために、巧妙な研究を計画しました。[49] この研究では、ＭＩＴ（訳注：マサチューセッツ工科大学）、あるいはイェール大学の学生たちに、それぞれ12個の３桁の数字からなる20の問題を提示しました。学生は、各問題で、12個の３桁の数字を使って足すと10になる２個の数字（例えば４・81と５・19のように）を見つけなければいけませんでした。全問の回答時間は４分間で、非常に難しい課題でした。実際、学生の正答数は平均３・４問でした。

研究者がこの課題を選んだ理由は、学生たちに「決められた時間内にこの課題を終わらせるのは不可能に近い」と思わせるためでした。この課題では学生に明確なフィードバックが提供されるのもポイントでした。学生は、自分が問題を解けたかどうかがはっきりとわかるので、解答用紙を使って点数を確認する必要すらありませんでした。

この研究では、ある学生には正解するごとに50セント、別の学生には正解するごとに2ドルを与えると告げました。そして学生は3つの条件のいずれかに無作為に割り当てられました。1つ目の群（統制条件）の学生は、実験者に試験用紙を手渡し、実験者が学生の回答を確かめて、正解した問題数を別の記入用紙に書きました。2つ目の群（リサイクル条件）の学生は、実験者のために別の記入用紙に正解した問題数を書いて、リサイクルするために試験用紙を半分に折るように指示を受けました。つまり、リサイクル条件では、学生に結果を偽って報告する機会が与えられていました。3つ目の群（リサイクル条件と行動規範条件）は、ほぼリサイクル条件と同じ内容でしたが、重要な違いが1点ありました。試験用紙の一番上には「私はこの簡単なアンケートがMIT（あるいはイェール大学）の試験無監督制度（訳注：監督者がいなくても学生がルールを遵守することを前提としたシステム）に該当することを理解しています」という一文が記されていたのです。学生は、この文の下に署名しなければいけませんでした。

研究者が記入用紙を調べたところ、結果は驚くべきものでした。統制条件の正答数は約3・3問（50セント：3・4問、2ドル：3・2問）、リサイクル条件の正答数は約5・5問（50セント：6・1問、2ドル：5・0問）で、統制条件の正答数が有意に低いことがわかりました。

　では、行動規範への署名は重要だったのでしょうか？　結果は明白でした。行動規範に署名した学生の正答数は約3問（50セント：3・1問、2ドル：3・0問）でした。ちなみに、正答数はほとんど同じでした。3つ目の群（リサイクル条件と行動規範条件）と2つ目の群（リサイクル条件）の違いは、行動規範文の有無だけでした。これらの知見は、人々が非倫理的行動をとる機会を得る前に、正直に行動するという意思を思い出させるだけで、倫理的行動を増やす大きな効果があることを示す有力な証拠を提供します。

　行動規範に署名したからといって、学業上の不正行為をすべて抑止できるわけではありません。カンニングをしないと誓ってもカンニングする学生はいるでしょうし、試験前に不正をするつもりの学生もいるでしょう。しかし、ほとんどの学生は、自分を善人だと思い、立派に振る舞うつもりなのです。ただし、おそらくテストの不安からくる一瞬の判断力の欠如が原因だと思いますが、自分の道徳的規準を見失ったときに、一部の学生は誤ってカンニングをしてしまいます。このような学生にとっては、署名するというシンプルな行為が不正の発生を防ぐのに役立ちます。

　署名をすると、私たちは自分が何者なのかを再認識します。また、自分が正しいことをする善良な人間でありたい、という意思を再認識させられます。私は、そのことを意図して、自分が担当する試験では学生全員に試験の最初に誓約書に署名してもらっています。

多くの場合、非倫理的な選択は慎重に熟慮を重ねた末に生じるものではなく、偶然に、ほとんど無意識のうちに行われるため、このようなちょっとしたきっかけは特に重要です。試験中に不安を感じて答えを「確認」するために隣の人の回答をちらっと見るという選択をした大学生や、締め切りに追われるあまり捏造したジャーナリストのことを考えてみてください。このような人々は、ほとんど気づかずに不正行為を働いています。その選択は迅速に行われ、その後の結果はほとんど考慮されていません。

人々を倫理的行動に向かわせるもうひとつの巧妙な方法は、自分が立派な行動をとらず後悔していることを振り返ってもらう方法です。この効果を調べるために、シカゴ大学ブース・スクール・オブ・ビジネスのアイエレット・フィッシュバックとラトガース・ビジネス・スクールのオリバー・J・シェルドンは、自分自身の過去の行動を考えるだけで、人々がより倫理的な選択をするようになるのかを一連の実験で検証しました。[50] ある実験では、ビジネススクールの学生が、歴史的なニューヨークのブラウンストーン（訳注：19世紀に建てられたレンガ造りの邸宅のこと）の買い手、あるいは売り手の代理人として模擬交渉に参加しました。買い手の計画は、ブラウンストーンを取り壊してホテルを建設するというものでした。売り手の目標は、この建物を保存してくれる買い手だけに売ることでした。交渉を始める前に、半数の学生には、自分が成功するために不正を働いたり、ルールを曲げたりしたときのことを考えるように求めました。もう半数の学生には、そのようなことは求めませんでした。

研究者は、過去の自分の悪事を振り返ってもらうことで、そのようなことを再びしようとする学生の意欲が減退することを明らかにしました。非倫理的行動をとったときのことを思い出すように求められた学生の45％が、ブラウンストーンの取引を成立させるために嘘をつきました。一方、過去の非倫理的行動を質問されなかった学生では67％にまで上昇しました。倫理的行動を引き出すために悪事を働いたときのことを思い出してもらうという方法は、文書に署名して倫理的に行動することを約束してもらう方法ほど、有効ではないかもしれません。しかし、少なくとも、自分がしようとしている選択について考えさせるきっかけにはなると思います。

同じ研究者が行った別の研究は、自分の価値観や信条を筆記する、非倫理的行動の誘惑について考えるなど、正直に行動することを思い出させるようなきっかけを与えることで、仮病で休む、事務用品を盗む、追加の仕事を避けるためにゆっくり仕事をするといった意欲が減ることを明らかにしています。不誠実な行動がいかに誘惑的なのかを人々に思い出させることで、非倫理的行動の誘惑に対する抵抗力が向上するようです。では、それはなぜでしょうか？

私たちの多くは、小さな不誠実な行動を大したことではないと考えています。実際、スピード違反をしたり、臨時収入を報告しなかったり、個人的なランチを経費に計上したり、ウィキペディアの文章をコピーしたり、データを少しごまかしたりしても、あまり気にしていません。しかし、ちょっと立ち止まって考えるように言われれば、私たちは、それが間違っている、と認識します。この研究論文の筆頭著者であるオリバー・シェルドンは「人はしばしば、悪人が悪事を働き、善人が善行を施し、非倫理的行動は単に性格が原因だと考えます。しかし大抵の人は、時々不誠実な行動をとるものです。このことから、性格が原因というよりも、置かれている状況や、人々が自分の非倫理的行動をどう捉えるのかが関係している場合が多いと思います」と記しています。[51]

実験室と実世界の双方から得られたこれらの研究結果は、私が第1章で述べた怪物神話に関する指摘を物語っています。非倫理的行動をとる人のほとんどは、意図的にそうしているわけではありません。小さな、一見すると取るに足らない選択をして、非倫理的行動をとるのです。文書に署名する、過去の行動を考えるなど、環境に小さな工夫を加えることで、人々はより良い選択ができるようになります。

さりげないきっかけでも、従業員が誘惑に負けないようにする一助になります。ニューカッスル大学のメリッサ・ベイトソンとその研究グループは、小さな注意喚起が倫理的行動を生むのかを調べるために創造的な研究を行いました。[52] ベイトソンのオフィスのコーヒー・ステーションは、自己申告制度で運営していました。つまり、利用者はコーヒーや紅茶を自由に飲むことができ、利用したときはトレイにお金を入れるだけでよかったのです。しかし、誰がどれだけ利用したのかを監視する人がいなかったので、この制度は人々が必要以上にお金を支払わなくなることを促しました。そこで研究者は、10週間、コーヒー・ステーションのすぐそばにポスターを掲示するようにしました。ポスターは2種類あり、毎週交互にどちらか1種類を貼ります。ポスターの1枚は人物の両目、もう1枚は花の写真のデザインでした。

実験結果は、研究者を驚かせました。目のポスターが掲示された週は、花のポスターが掲示された週の約3倍の支払いがあったのです。

ページの一番上に署名する、自分自身の過去の行動について考える、一対の目を見るなどといったこれらのすべての例は、環境における非常に小さな微調整の力が、より良い選択をするように人々を後押しできることを示しています。倫理的行動には、人事部や大学の学部長による長期的で集中的な研修は不要かもしれません。さりげない方法が、結果の改善に大きく貢献する可能性があります。

率直に意見を伝えられる職場文化を作り出す

倫理的な職場を確立するためには、従業員全員が問題行動に安心して懸念を表明できる職場文化を創造することが有用です。非倫理的な行動に気が付いた従業員は、報復や仲間外れを恐れて、率直に意見を伝えることをためらいがちです。その結果、悪事が続いて、将来的に深刻なコストが生まれる可能性が高まります。

労働者が上層部に異議を唱えることを躊躇すると、時として生命を脅かす結果を招く場合があります。１９７０年代に米国で発生したいくつかの航空機事故では、乗組員がパイロットの誤った意思決定に異議を唱えなかったことが原因とされています。例えば、オレゴン州ポートランドで発生したユナイテッド航空の墜落事故では、文字通り、ガス欠が原因で事故が起きました（訳注：１９７８年のユナイテッド航空１７３便燃料切れ墜落事故）。これらの事故を契機とした研究によって、乗組員がパイロットに従う心理的要因の理解が深まるとともに、航空業界の訓練方法の抜本的な変更が行われました。[53] 航空会社は、ＮＡＳＡ（訳注：米国航空宇宙局）が開発したコックピット・リソース・マネジメントとして知られるプログラムを使用し始めましたが、これは飛行の安全向上に貢献したことで広く評価されています。多くの組織では、全従業員が健全な職場環境を維持する責任を負う、説明責任の文化を作り出すことを意図したプログラムを実施しています。このプログラムでは、従業員が問題行動を目撃したときは、声をあげて直接介入する、あるいは苦情を申し立てるように具体的な指示が与えられます。

職場文化が時間の経過とともにどのように変わることができるかを示す最良の例のひとつが、ニューオーリンズ市警です。この警察は長年にわたって、証拠の捏造や非武装者の射殺、それらの隠蔽工作などの不祥事に由来する数々の訴訟を起こされていました。そのため、ニューオーリンズ市警に対する市民の信頼は非常に低いものでした。2014年、警察文化を変えるために、マイケル・S・ハリソン警察本部長が着任しました。彼は警察の不祥事を減らそうと、外部の専門家の支援を受けて警官が開発した新しい研修プログラムを導入することからスタートしました。[54] 現在、1000人を超える同警察署員は全員「倫理的な警察活動は勇気を与える（Ethical Policing Is Courageous）」、あるいは単語の頭文字から「EPIC」と呼ばれるプログラムの受講が義務付けられています。

EPICは、沈黙の文化（同僚警官の悪事を無視する文化）を支えてきた規範を、非倫理的行動の発生を防止して市民を守る文化に変えることに焦点を当てています。[55] EPICは、報告書に嘘を記載する、証拠を隠蔽する、容疑者に暴行を加えるなど、他の警官の悪事を目撃したときに警官が立ち向かう効果を高めるために実施されていますが、このプログラムの受講は、事件の発生を未然に防ぐことにもつながります。同僚警官が不要で有害な行動をとる場面を目撃したときに、積極的に介入する傍観者になるための方法を教わるのです。具体的には、警官は後悔しないように、一歩踏み込んで同僚警官にその場から立ち去るように促す方法を教わります。EPICプログラムでは、忠誠心とは悪事に加担することや無視することではなく、むしろ悪事を防ごうとすることだと伝えます。このことについて、ニューオーリンズ市警のポール・ノエル警察副部長は「能動的な傍観者としての姿勢は伝染します。正しいことをしようとして何でも発言する同僚には逆らえません」と述べています。[56]

この素晴らしいプログラムはどのようにして誕生したのでしょうか？　このプログラムの根底にあるのは、マサチューセッツ大学アマースト校の心理学教授で、自分のキャリアを傍観者の不作為の克服要因の研究に捧げてきたアービン・ストウブによる長年の研究成果です。このテーマに対するストウブの関心は、彼の家族が、他のユダヤ人家族と同様にホロコーストで殺害されそうになった、ハンガリーでの幼少期にまでさかのぼります。彼の家族は、多数のハンガリー系ユダヤ人を救出したスウェーデンの外交官ラウル・ワレンバーグ（訳注：外交官の立場を利用して10万人にもおよぶユダヤ人の救出に成功したものの、ナチスの撤退後に進駐してきたソ連軍に拉致されて行方不明）や、ストウブの乳母で、家族への忠誠心から自らの命をかけて一家を助ける決意したクリスチャンの女性によって救われました。その後ストウブは、いじめを減らすために学校現場で働き、大量虐殺やその他の集団暴力を防止するためのプログラムを開発しました。最近では、仲間の悪事を容認してかばうという警官特有とも思える問題を解決するために、警察向けの研修プログラムを開発しています。

彼が警察とかかわるようになったのは、1991年のロドニー・キング事件（訳注：ロサンゼルス暴動のきっかけとなった白人警官による黒人青年暴行事件）からだそうです。この事件では、被害者のキングはロサンゼルス市警の警官数人にひどく殴打されて、他の警官たちはそれを傍観していました。カリフォルニア州の法執行官は、警官による一般市民への危害を同僚警官が防止できるように、警察組織における傍観者介入方法と研修プログラムの開発を依頼しました。ストウブは、その唯一の方法は警察の文化を大きく変えることだと結論付け仲間外れにされたり降格させられたりする恐れを減らして、介入することに対するコストの認知を軽くすることを目指しました。ストウブは「制度上、警官は同僚警官を常にサポートしなければいけません。そうしなかった場合、同僚警官や上司から仲間外れにされたり、疎外されたりすることがよくあります。そのため、警官が介入するコストは相当なものになります。だからこそ、上司を含めた警察システム全体が研修を受けることが重要なのです。そうすることで警察文化は実際に変わります」と述べています。[57] このプログラムが、現在ニューオーリンズ市警で使われているEPICプログラムの基礎になりました。

EPICは、現在、警察本部長を含むニューオーリンズ市警のリーダー全員に支持されています。研修修了者は、EPIC研修後に渡されるバッジを誇らしげに身に付けますが、このバッジは倫理基準への自らのコミットメントと、不適切な行動に立ち向かう姿勢をチームに伝えます。アルバカーキ、バトンルージュ、ホノルル、セントポールなど、他の都市の警察もこのプログラムの導入に乗り出しています。[58] ニューオーリンズでこのプログラムを始めたハリソンは、2019年3月にボルチモア市警の警察本部長に任命されましたが、そこでもこのプログラムを実施する予定です。

警察や法律事務所、あるいは米国上院でも、職場文化を変えるのは決して容易ではありません。通常、少なくとも一部の人からは反発があります。そして、その反発がトップから来るものであれば、職場文化を変えるのは不可能です。ストウブは、カリフォルニア州のある警察での研修で、参加者に介入方法を実践するように求めたところ、ある警部が「俺はロールプレイはやらないぞ」と拒否したエピソードを記しています。[59]

声をあげる文化を作り出すと、従業員同士が常に他の人のことを報告し合うような、不快な職場環境になるのではないかと危惧する人がいるかもしれません。ところが、そうはなりません。組織の上層部から倫理的行動の文化を確立することは、ほとんどの従業員が適切なルールや規範に従うようになることを意味します。そのような文化のもとでは、従業員は問題行動がエスカレートする前に、早期の段階で止めに入るのが一般的になります。しかし、問題が組織のトップにある場合はどうなるのでしょう？

倫理研修は、職場等級の下位の従業員が上位の従業員への報告を恐れている状況、例えば、病院や警察、軍隊などで、特に重要です。[60] 航空専門家であるジョン・ナンスが著書『病院はなぜ飛ぶべきか（Why Hospitals Should Fly）（未邦訳）』で述べているように、これらの組織の文化では、役職に関係なく、率直に意見を伝えるチームメンバー全員の責任が重視されているからです。[61]ナンスは、これらの組織では、リーダーが職場の同僚に次のようなメッセージを伝える必要があると考えています。それは「私はとても優秀なリーダーかもしれませんが、失敗しやすい人間です。ただし、私の周りにコミュニケーションをとることに何のためらいもないチームがあり、その人たちが仕事の一部として私の誤りを指摘してくれるのであれば、私がどんな失敗をしたとしても、それによってマイナスの影響が拡大することはありません」というメッセージです。[62]

上司と同僚の双方が誠実な意見交換をしていると思える職場文化を作るためには、2つの重要な特徴があります。第1に、報告することが影響力をもつこと、自分たちの懸念が真剣に受け止められること、特に権力のある立場の人物がそのような問題行動をしたときに、リーダーが見て見ぬふりをしないと信じられる必要があります。第2に、同僚が非倫理的行動への心配・不安を共有して、不正行為の報告を尊重してくれると感じられる必要があります。上司が不正行為の報告をはっきりと奨励している場合でも、職場の同僚からの社会的排斥や仕事での仲間外れなどの個人的な報復を恐れる従業員は沈黙しがちです。

ミシガン大学ロス・スクール・オブ・ビジネスのデビッド・メイヤーとその研究グルー

プは、広範な企業文化が非倫理的不正行為の報告に影響するのかを調べました。[63] 最初の研究では、ある大企業の従業員約200人を対象に、倫理的行動に関する詳細な調査を実施しました。回答者は、上司が高い倫理基準をもっているのかの質問（「私の上司は倫理基準に違反した従業員を懲戒処分にしている」）と、同僚が倫理的行動をとっているのかの質問（「私の同僚は仕事上の意思決定をする際に倫理的な問題を慎重に検討している」）に答えました。次に、回答者は会社の倫理基準に違反した場合にどの程度報告する可能性があるのかを尋ねられました。2つ目の研究では、16社の従業員3万4000人を対象に、上司や同僚が倫理的行動をとっているのかを再度質問し、回答者は、非倫理的行動を観察したことがあるのか、もしあったときはどのように対応したのか、報復を恐れているのかどうかを答えました。

2つの研究のデータからは、一貫した知見が得られました。上司や同僚など、職場の他の人たちが自分の心配や不安を共有していると信じていた場合には、従業員は非倫理的行動を積極的に報告しようとする傾向が強まることがわかりました。一方、上司や同僚、あるいは両者がその行動を問題視していないと思った場合は、従業員は報復を恐れて沈黙しようとする傾向が認められました。したがって、倫理的行動は、従業員全員がその行動を明確に評価している企業で育ちます。すなわち、人事部に報告した人のことを同僚が密告者だとレッテルを貼る職場であれば、非倫理的行動を処罰する上司がいるだけでは不十分です。同様に、上司が見て見ぬふりをすることがわかっている職場であれば、倫理的行動を支持する同僚がいるだけでは不十分なのです。

これらの知見は、驚くべきことではありません。非倫理的行動を報告して、上層部や同僚からネガティブな仕打ちを受けるのだとしたら、どうしてわざわざ報告するというのでしょう？　もちろん、このような恐れがあるからこそ、大抵の人は飛び抜けた悪事のときでも沈黙するのです。あなたが個人的に、あるいは仕事上で深刻な代償を支払うとわかっていた場合、正しいことをするのは困難です。そうするためには、道徳的勇気が必要なのです。

第 3 部

行動の仕方を学ぶ

Learning to Act

第9章 道徳的反逆者を理解する

米国がイラクを占領していた2003年末のことです。アブグレイブ刑務所に着任したばかりの24歳の陸軍予備役兵ジョー・ダービーは、仲間の兵士からイラク人捕虜の写真が詰まったCDを受け取りました。その写真の多くは、イラク人が拷問され、辱めを受けている様子を撮影したものでした。ジョーはどうすべきか悩みました。彼は、仲間の兵士が捕虜にしていることは間違っていると認識していましたが、虐待を報告すれば報復されるのではないかと心配したのです。そして、これらの行為に加わっていた仲間の何人かに、絶大なる忠誠心を感じていました。最終的に、彼は目撃したことを記した匿名の手紙にCDのコピーを沿えて、米国陸軍犯罪捜査司令部に送りました。彼は「自分が何かをしなければいけないと思いました。私は、捕虜の虐待は間違ったことだと知っていたので、これ以上虐待される捕虜を見たくはありませんでした」と捜査官に伝えました。[1]

イラク人捕虜への虐待が続いていたことは、虐待を直接目撃した将校や下士官兵、捕虜の治療にあたった衛生兵、情報機関のメンバー、写真を見た人、何が起きているのかを聞いた人など、たくさんの人たちが知っていました。虐待行動は広く容認されており、刑務所の取調室のコンピューターのスクリーンセーバーには、裸の捕虜が人間ピラミッドを築かされた写真が使われていました。この虐待を通報しようとした人や止めようとした人は若干いましたが、ジョー・ダービーほど踏み込んだ人はいませんでした。

ダービーは、事件について発言するという自らの決断によって、高い代償を払わされました。彼は軍の調査官から匿名を約束されており、イラクでの任務を継続していたのですが、数ヶ月後には匿名だったはずの自分の名前が明かされてしまいました。人々は彼のことを「裏切り者」と呼びました。彼は軍を追われ、殺害予告を受けてからは保護下に置かれました。ダービーのケースは注目を集めましたが、こうした内部告発者への扱いは、残念ながら珍しくありません。

なぜダービーは、他の人が虐待を報告しない状況でも、告発できたのでしょうか？　本書のこれまでの章では、「悪事に直面すると沈黙する」という人間の生来の性向の、心理学的かつ神経学的な基盤を概説しました。しかし、不作為に強く引き寄せる力が存在するにもかかわらず、行動することを選ぶ人もいます。彼らが行動できる理由を理解することで、私たちが能動的な傍観者になるための方法や、道徳的勇気を示すためのヒントが得られるかもしれません。

道徳的勇気を定義する

私たちは、命がけで他の人を救った人物に関するドラマチックなストーリーをしばしば耳にします。例えば、溺れている子どもを助けようとして凍った池に飛び込んだ人、倒れている人を助けるために地下鉄の線路に飛び込んだ人、銃撃犯から銃を奪った人などのエピソードです。

重大な危害が及ぶリスクがあるときに他人を守ろうとするには、驚異的な肉体的勇気と並外れた勇敢さが必要であり、当然、称賛されるべきです。実際、このような英雄的行動をとる人物は褒め称えられ、社会的な結果を恐れることなく、相当の社会的な報酬を受け取ることが多いでしょう。しかし、これらの行動には、社会的圧力に打ち勝つ必要はありません。言い換えれば、道徳的勇気ではなく、肉体的勇気が求められるのです。

行動の中には、肉体的勇気と道徳的勇気の両方が求められるものもあります。1989年に中国人民解放軍が天安門広場でデモ隊を虐殺したときに戦車に立ち向かった学生や、2017年にフィリピンで非イスラム教徒を殺害しようとしたイスラム過激派からキリスト教徒の隣人を匿ったイスラム教徒など、正しいことをしようとして命を賭けた人々の例が存在します。例えばジョン・マケイン上院議員は、北ベトナムで捕虜として拘束され、

5年以上にわたって拷問を受けるという驚くべき肉体的勇気を示しましたが、プロパガンダに利用されるとわかっていた早期釈放の申し出を断ったことで、道徳的勇気も示しました。紛争地帯で活動するジャーナリストは、道徳的勇気と肉体的勇気の双方を示すことが多く、時にはその代償として命を失うこともあります。

一方、道徳的勇気の発揮は、命にかかわる状況である必要はありません。道徳的勇気とは、不正を止めるために社会的排斥を受けることを厭わないことを意味します。いじめっ子にやめろと言うこと、人種差別的な中傷や乱暴な言葉を使う同僚に立ち向かうこと、友人の性的不正行為を訴えること、これらはすべて道徳的勇気のある行動です。なぜなら、それは社会的規範が沈黙に向かわせようとする状況で、悪事に立ち向かうことに関係しているからです。このような行動をとることで、その人は、いじめっ子のターゲットになる、昇進を逃す、友人を失うなど代償を支払うことになります。しかし、それによって肉体的な危険に直面することはほとんどありません。

道徳的勇気を示す人のことを、心理学者は「道徳的反逆者（moral rebels）」と呼んでいます。道徳的反逆者とは「現状に対して道義に基づいた態度をとる人物のこと。自分の価値観に妥協することが求められたときに、従うこと、沈黙すること、そのまま賛成することを拒む人のこと」です。[2] 道徳的反逆者は、非難や仲間外れ、キャリアの後退など、社会的にネガティブな結果を招きかねない状況に直面しても、自分の原則を断固として守ります。[3] 本章の後半、そして第10章では、このような特性を自分の中に、あるいは他の人の中に育てるためには何ができるのかを考察します。

道徳的反逆者の特徴

なぜ道徳的反逆者は、深刻なリスクを冒してまで、悪事に直面したときに行動できるのでしょうか？　彼らには共通する特徴があることがわかっています。

第一に、道徳的勇気を示す人は、自分自身のことをよく思っています。[4] 彼らは自尊心が高く、自らの判断力、価値観、能力に自信をもつ傾向が認められます。こうした特性は、社会的な同調圧力に抵抗する上で有用だと思われます。しかし、道徳的反逆者は、自分が正しいことに自信をもっているだけではありません。彼らは、自分の行動が変化を生むことも信じています。[5] 道徳的反逆者は、自らの介入が目的を果たし、影響を及ぼすことを確信しているからこそ、介入することができるのです。

自分の判断力や能力への自信は、反社会的な行動をとろうとする仲間への抵抗や、職場でのハラスメントに立ち向かうことなど、さまざまな状況の道徳的勇気と関連することが判明しています。ベルギーの研究者は、２０１７年に職場のいじめへの対応の仕方を予測する要因を調べる研究を行いました。[6] 研究者は、さまざまな規模の公的機関と民間企業の従業員に、性格に関するアンケートに回答してもらいました。その中には、公正な世界に対する信念（「人は自分にふさわしい報いを得る傾向がありますか？」）と、自己効力感（「あなたは目標を達成できる自信がありますか？」）に関する評価項目が含まれていました。その後、研究参加者は、上司が自分のアシスタントに心理的な嫌がらせやいじめをするエピソードを読み、あなたはそのアシスタントを私的に、あるいは公的にサポートするのかどうかを尋ねられました。その結果、自分の行動力に自信があると答えた人、例えば「私は自分で決めた目標のほとんどを達成できるだろう」「困難な課題に直面しても、私は必ずやり遂げられると確信している」という記述に同意した人は、一般的に、介入した場合に生まれる結果を恐れる傾向が弱いことがわかりました。同様の結果はいじめに関する別の研究からも得られています。自己効力感の得点が高い生徒ほど、いじめから仲間を守る手助けをする傾向があります。[7]

自信の強さは大切です。なぜなら、自分の行動が変化を生むと信じることは、人を正しい行動に駆り立てる重要な要因のひとつだからです。

自尊心と自信の強さは、大人だけでなく、自らの社会集団に馴染むという大きなプレッシャーに直面する青少年においても、道徳的勇気のよい予測因子になります。自尊心の高い青少年や若年成人では、たとえそれが仲間に反することであっても、自らが正しいと信じるもののために立ち上がる傾向が認められます。[8] また、そのような人は、薬物乱用や学校の壁への落書き、「立ち入り禁止」の看板の無視などの反社会的行動に関与するような仲間からのプレッシャーに抵抗することができます。[9]

道徳的勇気を支える具体的な性格特性を詳しく理解するために、ザビエル大学のタミー・ソンネンタグとカンザス州立大学のマーク・バーネットは、２００人以上の7年生と8年生の性格特性を調査しました。[10] 研究者ははじめに、研究参加者の生徒に、沈黙して集団に従うという社会的圧力に直面したときに、他者に立ち向かうか、正しいことをしようとするかなどの自分の意欲を評価してもらいました。次に、各学年の生徒全員と教師１人に、実験参加者である生徒が非道徳的なプレッシャーに直面したときに、自らの信念や価値観を守ろうとする傾向を評価してもらいました。この方法をとることで、道徳的反逆者を自認する生徒は実際に他人からそのように見える行動をとっているのか、あるいは自分のことを勇気があると想像しているだけなのかを評価することができました。最後に生徒全員が、自尊心、自己効力感（自信）、自己主張、所属欲求、社会的ヴィジランティズム（訳注：自分の信念が他人より優れていると信じていて、その信念を他人に印象づけようとする傾向のこと）を含む性格特性を評価する一連のアンケートに回答しました。

その結果、誰が道徳的反逆者なのかについて、生徒自身、仲間、教師の間で高いレベルでの一致が認められることが明らかになりました。したがって、このような生徒の道徳的勇気のある行動は、他の人たちが認識して記憶するのに十分なほど、はっきりとした行動だったのでしょう。青少年の間では、自分の信念を守るために立ち上がることはめったにないことなので、生徒と教師がそうした生徒を特定するのは簡単だったと思われます。

そして、このような若い道徳的反逆者には、特有の性格特性が認められることもわかりました。彼らは一般的に自らのことを良く思っており、「私には良い資質がいくつもあると思う」「私は他の人と同じように物事をこなすことができる」などの記述に自分がよく当てはまると回答していました。そして、目標を達成する能力や社会的圧力に立ち向かう能力に自信があり、「私は多くの困難を乗り越えることができるだろう」「私は集団から自分の考えを変えるようにプレッシャーをかけられても、自分の考えに従う」などの記述に同意していました。

道徳的反逆者の生徒は、自分に自信をもち、自らのことを良く思っているだけではありませんでした。彼らは自分の考え方が他の人よりも優れていると信じており、それ故に、自らの信念を共有する社会的責任があるとも考えていました。[11] 例えば、彼らは「私は自分の意見を言うことは社会的な義務だと思う」「すべての人が私と同じように物事を見ていたならば、世界はもっと良い場所になるはずだ」などの記述に同意していました。自分の考えが正しいと信じているからこそ、他の生徒が黙りがちなときでも、率直に声をあげることができるのです。

おそらく最も重要なのは、これらの生徒たちは集団に馴染むことにあまり関心がないというポイントです。これは、いざというときに周りに合わせるか、正しいことをするか、そのどちらかを選ばなければいけない場合に、正しいことを選ぶことを意味します。

これらの結果は、道徳的勇気が明快な特性ではないことを物語ります。道徳的勇気とは、自分のことを良く思うことや、自らの行動力に自信があることとイコールではありません。それよりもむしろ、道徳的反逆者は、行動を起こすために必要なスキルと手段をもたらす特性の組み合わせを有している、と見なせます。

成人の研究でも、道徳的反逆者には同様の特徴があることが明らかになっています。フランスのクレルモン・オーヴェルニュ大学のアレクサンドリナ・モイスックとその研究グループは、道徳的勇気の性格的相関を評価するために、さまざまな状況で人々が介入しようとする傾向を調べる一連の研究を行いました[12]。研究者は、大学生と地域住民を募ってさまざまなシナリオを読んでもらい、質問に回答してもらいました。シナリオのひとつは、電車の中でティーンエイジャーがゲイや障害者についてジョークを言うという内容でした。別のシナリオは、動物園にいた男が３歳の息子の顔を殴るという内容でした。ゴミ箱のすぐ横の歩道にティッシュを捨てた人に関するシナリオもありました。そして、研究参加者に、自分がどのように反応するのかを尋ねました。

その結果、何かをすると答えた人と何もしないと答えた人の間には、大きな違いがあることがわかりました。悪事を働いた人と対決する可能性が高いと答えた人は、主体性（他人と考えが異なっていても、それを表現することにためらいがないこと）と外向性（社交的で愛想が良く、エネルギッシュなこと）が高いことが示されました。そのような人は、利他性や社会的責任に関する尺度の得点も高いこともわかりました。この知見は、彼らが被害者への思いやりや救助する道徳的義務を感じていること、そして仲間に受け入れられていると感じる傾向があることを示唆しています。

このような研究の欠点は、研究参加者の自己報告に結果が依存しているところです。私たちが本当に知りたいのは、ある性格特性が、現実世界での援助行動を実際に予測するのかどうかです。結局のところ、私たちの多くは緊急事態に自分が立ち上がることを想像していますが、これまで説明してきたように、人はしばしば善意のままに行動しません。

この問題を回避しようとして、コロンビア大学の研究者は、現実世界の緊急事態であるホロコーストで人助けを行った人たちの性格特性を調べました[13]。この状況での行動には、肉体的勇気が求められたのは明らかですが、他の人が何もしていないときに行動するという道徳的勇気も必要でした。研究者は、3つの異なる成人集団の性格特性を比較しました。それは、ホロコーストのときに少なくとも1人のユダヤ人を救出した人、ユダヤ人を助けなかった人、そして第二次世界大戦前にヨーロッパを離れた人のグループでした。

分析の結果、ユダヤ人を助けるために自分の命を危険にさらした人は、そうしなかった人と比べて、いくつかの点で異なっていることがわかりました。具体的には、ユダヤ人を救出した人は主体性とコントロール感の得点が高かったことから、他人が反対しても自らの信念を貫こうとすること、人生の結果は自分の努力と選択によるものだと感じていることが示されました。また、彼らはリスク取得でも高い得点を示し、危険を伴う仕事も平気だったことがわかりました。このような特性の組み合わせが、彼らに勇気を示す自信を与えたようです。そして、彼らには他にも重要な性格特性が認められました。それは、利他性、共感性、社会的責任という他者への配慮に関係する特性でした。このような特性が思いやりの気持ちを生んで、たとえ大きなリスクを冒してでも、行動を起こす必要性を駆り立てたのでしょう。

もちろん、ホロコーストは私たちの多くが行動を起こすべきかどうかを思案するような、ありふれた状況とはまったく異なるできごとです。

日常的な状況を調査するために、ドイツのハノーバー医科大学の研究者は、地元の病院に交通事故被害者の応急処置をした人物の名前を尋ねて、調査を行うことにしました。[14]研究者は応急処置をした人に連絡をとり、性格に関するアンケートに回答してもらいました。協力が得られたのは34人でした。その他に、事故を目撃したけれども応急処置をしなかった人にも同一のアンケートに回答してもらいました。その結果、応急処置をした人の性格の特徴は、ナチス・ドイツでユダヤ人を救助した人とまったく同じだったことが判明しました。つまり、救助者は、コントロール感、共感性、社会的責任の得点が高かったのです。

これまでの研究を総合すると、道徳的反逆者の姿が浮かび上がります。それは自分に自信があり、主体性があって、利他的で、自尊心が高く、社会的責任感が強い人物です。

他者が存在していても行動を抑制しない

道徳的反逆者の最も重要な特徴のひとつは、彼らが集団に馴染むことを比較的気にしておらず、自分の信念や価値観を貫くための発言を恐れないことです。

ボストン・カレッジの研究者が、ニューイングランド地方の高校で同級生による同性愛嫌悪的な言動に生徒がどのように対応したのかを調査したところ、いくつかの特性が浮かび上がりました。[15] 研究者は生徒に、前月にゲイやレズビアン、バイセクシュアルの人への中傷やジョークなど、何らかの同性愛嫌悪的行動を見たり聞いたりした頻度と、それに対し自分自身が何らかの行動をしたのかを質問しました。そして生徒は、勇気（「私は強い反対に直面しても頻繁に立ち向かう」「私は恐怖に立ち向かえる」)、リーダーシップ（「私には管理能力がある」「私は真っ先に行動することができる」)、利他性（「私は他人を気遣う」「私は人々を温かく迎える」）を含む、自己評価式の性格特性検査に回答しました。

その結果、生徒の3分の2が何らかの同性愛嫌悪的行動を目撃したことがあると答えましたが、その対応の仕方にはばらつきが大きいことがわかりました。具体的には、男子生徒よりも女子生徒のほうが、また異性愛の生徒よりもゲイ、レズビアン、バイセクシュアルの生徒のほうが、何らかの対応をとったと回答する傾向が認められました。この知見は、女子のほうがいじめの被害者に共感的な傾向があることや、人は自分の内集団に属する人のためにより多く発言する傾向があることを示す過去研究の知見と一致します。

そして、利他性や勇気の自己評価が高い生徒ほど、同性愛嫌悪的行動に多く対応する傾向があることもわかりました。おそらく、このような生徒は問題に立ち向かうことが生む潜在的な社会的なコストにはあまり関心がなく、有害な行動を無視することで生まれる結果に関心があったのでしょう。一方、一般的なリーダーシップ特性は、同性愛嫌悪的行動に対応する傾向とは関係性が認められませんでした。研究者は、高校生の中には、悪口や嘲笑を伴う同性愛嫌悪的行動を、地位を得るためのひとつの手段として使う者がいるのではないかと考えています。

自意識の強い人、あるいは恥ずかしがり屋な人は、先ほどの研究で声をあげた生徒とは異なり、悪事に直面しても沈黙しようとする傾向があります。そのような人たちは、気まずいやりとりが社会的にどのような結果を生むのかを強く懸念しており、そのような状況を避ける傾向があります。例えば、顔に墨がついていることを相手に教える、歯に食べ物が詰まっていることを教えるなど、リスクが低い社会的な対立だったとしても、彼らはそれを避けようとすることが明かされています。[16]

気まずい社会的な相互作用への恐れは、それほど重要ではない場面での行動を抑制するだけではなく、何もしなければその影響を受けずにいられるので、行動しないことを簡単に正当化させます。心理学者は、落ち着いているように見えることに特に気を配っている人、つまり過剰反応していると思われて恥をかくことを避ける意識が強い人は、窒息しそうな人を救助しにくいことを明らかにしました。[17]このような状況は深刻な結果になる可能性が高いにもかかわらず、まだ十分な曖昧さが残るため（その人はただ咳をしているだけかもしれません）、馬鹿にされることを心配する人たちは、助けの手を差し伸べるのを控えるのだと思われます。

集団に馴染むことを気にする程度の個人差は、現在、特定の脳構造の違いと関連していると考えられています。ニューヨーク大学、ユニバーシティ・カレッジ・ロンドン、デンマークのオーフス大学の研究チームは、脳の構造的な違いと、社会的圧力に立ち向かおうとする意欲との関連性を調べる実験を計画しました。[18]研究者はまず、ＭＲＩ装置で撮影した三次元の脳画像を使った分析手法（訳注：脳の形態変化をしらべるためのvoxel-based morphometryと呼ばれる手法）を利用して、実験参加者28人の脳の灰白質の体積を測定しました（灰白質は、筋肉の制御、視覚と聴覚、記憶、感情、意思決定、自己制御などの脳内の情報を処理します）。次に、実験参加者に、自分が好きな曲を評価して20曲を順位付けする課題を行ってもらいました。その課題の後に、音楽の専門家の評価結果であると伝えた、実験参加者の評価とは一部食い違いがある評価結果を提示しました。それから、実験参加者に自分が好きな曲の順位を付け直す機会を与えて、「専門家」の評価に合わせて実験参加者が自分の評価をどの程度変えるのかを測定しました。

その結果、自分の評価を最も大きく変えた人は、外側眼窩《がんか》前頭皮質という脳の特定の部位の灰白質の体積が大きいことがわかりました。別の研究によれば、眼窩前頭皮質は、特定のレバーに触ると小さな電気ショックを受けるなど、ある種の嫌悪的な結果につながったできごとの記憶生成に関与する部位で、私たちが回避したいものから遠ざかるように導く働きに関与しています。[19]このことから、自分の評価を大きく変えた人は、「正しい」好みから逸脱した好みをもつことによる不快感を避けることに、特に気を配っていたと考えられます。

この知見は、道徳的反逆者について何を物語るのでしょう？　社会的葛藤にどの程度同調するのかは人によって明らかに異なりますが、その傾向は脳の解剖学的な違いに反映されています。言い換えれば、ある人にとって、人と違うと感じることは本当に嫌なことである一方、別の人にとってはそれほど大変なことには感じられず、社会的圧力に立ち向かうことも容易なのかもしれません。しかし、この研究では、このような違いが何に由来するのかは不明です。つまり、眼窩前頭皮質の灰白質が生まれつき多いのか、それとも社会的圧力に抵抗することで灰白質が増えるのかは、わからないのです。わかっているのは、社会的影響に立ち向かう能力の個人差は、脳の地図に明確に示すことができるということです。

最近の研究では、このような社会的影響の感受性の個人差が、脳の構造的な違いだけではなく、神経反応パターンにも反映されるのかを調べています。ペンシルベニア大学のエミリー・フォークとその研究グループは、運転免許を取得したばかりのティーンエイジャーを集め、サイバーボールを使って、社会的排除に彼らの脳がどのように反応するのかを測定しました。サイバーボールとは、実験参加者をボール投げゲームに参加させて、その後にゲームから締め出すという実験手続きです（この手続きは第4章で説明しました[20]）。

1週間後、同じティーンエイジャーは、リスク取得のパターンを測定するために用意された運転シミュレーター課題を行いました。彼らは、単独、あるいは10代の男性同乗者（実験協力者）がいる状況でその課題を行いました。男性同乗者がいる条件の半分は、通常のドライバー条件で、実験協力者（同乗者）が「集合時間に少し遅れてごめんなさい。私はついノロノロ運転をしてしまうので、黄信号には必ずひっかかってしまうんです」と言いました。もう半分は、危険なドライバー条件で「集合時間に少し遅れてごめんなさい。普段はもっと車を飛ばすんだけど、赤信号には必ずひっかかってしまうんです」と伝えました。それから、研究者は、実験参加者の運転パターンを測定しました。

その結果、研究者の予測通り、サイバーボールで排除されることに苦悩した人ほど、運転シミュレーター課題で同乗者の存在に影響を受けることが示されました。具体的には、サイバーボールで排除されたときに、社会的苦痛（前部島皮質と前帯状皮質）とメンタライジング（訳注：自己と他者の心理状態を振り返る能力のこと）（背内側前頭前皮質、右側頭頭頂接合部、後帯状皮質）に関連する脳の部位の活動が最も増加したティーンエイジャーは、同乗者がいるときに、単独のときよりも危険運転をする傾向があることがわかりました。また、スピードを出して運転をする危険なドライバーを乗せているときに、危険運転をする傾向が特に強くなることも明らかになりました。

この研究が示すように、青少年の中には仲間外れにされると気分が悪化して、同乗者がいるときは危険な運転行動をとりやすくなる人がいます。この研究論文の筆頭著者であるエミリー・フォークは「仲間外れにされたときに脳走査装置で最も敏感に反応した子どもは、同乗者がいて車を運転するときに、よりリスクを冒すようになりました。黄信号を通り抜けようとしてスピードを上げたのです」と説明しています。[21]

同一研究者による別の研究では、社会的排除に関連する神経パターンが、ティーンエイジャーの同調傾向を予測できるという新たな証拠を提示しています。実験参加者である男性ティーンエイジャーは、社会的排除課題（サイバーボール）からスタートする2部構成の研究に参加しました。その後、先ほどの研究と同様に、運転シミュレーターを単独で、あるいは自分のことを「速いドライバー」もしくは「遅いドライバー」だと称する男性同乗者と一緒に行いました。[22]

この研究でも、社会的排除に反応する特定の脳活動パターンを示したティーンエイジャーほど、高い同調率を示すことが明らかになりました。具体的には、社会的苦痛に反応する脳の部位とメンタライジングに反応する脳の部位の結合が強い人ほど、同乗者の運転の仕方に同調する傾向が認められました。つまり、以前の研究では社会的苦痛とメンタライジングに反応する脳の部位の活動が強いティーンエイジャーは同調する傾向が強いことが示されていましたが、この研究によって、この2つの脳の部位の結合が強いほど、同調率も高まることが示されたのです。

これらの知見から、社会的排除の神経学的反応と、社会的苦痛を避けるために仲間に同調する動機との間に、直接的な関連があることが実証されました。

同調する必要性をあまり感じない人は、社会的なリスクだけではなく、肉体的なリスクも進んで冒す可能性があります。軍事心理学者のデーヴ・グロスマンは、著書『戦争における「人殺し」の心理学』（ちくま学芸文庫）の中で、最も多くの敵機を撃墜した空軍パイロットに共通する要因を探りました。[23] その結果、彼らは子どもの頃によくケンカをしていたこと、そして、いじめっ子ではなくいじめっ子に反撃する側の子どもだったことがわかりました。つまり彼らは「他人に立ち向かうことに臆病ではない」子どもであり、その特性が戦場で大いに役立ったのです。[24]

ジョー・ダービーがイラク人捕虜虐待を軍の調査官に明かす決断をした背後には、他人が何を考えているのかを気にしない姿勢が影響したのかもしれません。ダービーの高校時代の恩師であり、フットボールのコーチでもあったロバート・ユーイングは、ダービーのことを、独立心が旺盛で愛想がよいタイプではなかったと述べています。「何かに確信を得たジョーは、私に異議を唱えることに何の問題も感じていませんでした」とワシントン・ポスト誌に語っています。そして「彼は何かを確信していると、それを守り通しました」とも説明しています。また、CBSニュースでは「ダービーは仲間に合わせる人間ではありませんでした……彼は他人の目を気にしなかったのです」と述べています。[25]

共感的要因

1999年、元警官のキャサリン・ボルコヴァックは、ボスニア・ヘルツェゴビナで国連国際警察タスクフォースの人権調査官として働くために、ダインコープという英国の民間軍事会社（訳注：ダインコープの本拠地は米国）に雇われました。彼女は仕事の過程で、同社の幹部が性的不正行為に加担していることを知りました。彼らは、売春婦を雇ったり、未成年の少女をレイプしたり、性的人身売買に関与したりしていました。これらの犯罪を上層部に報告したところ、彼女は降格させられ、さらに解雇されました（2002年に彼女は不当解雇で勝訴しました）。

彼女が声をあげたきっかけは何だったのでしょうか？ 3児の母であるボルコヴァックにとって、虐待を受けていた少女たちとの個人的なつながりがひとつの要因でした。彼女はナショナル・パブリック・ラジオに「子どもたち、つまり自分の娘たちのことが頭をよぎらなかったと言えば嘘になります」と語っています。[26]

カンザス大学のダニエル・バトソンによれば、向社会的行動、すなわち、他人を助けることを目的とした行動は、2つの異なる経路によって動機づけられています。[27]そのひとつの経路は、自分への報酬がコストを上回る場合に援助するという、利己的で自己中心的な経路です。例えば、ホームレスの人に1ドルを渡して気分がよくなったときに、この経路が働きます。ホームレスにお金をあげてもコストはわずか1ドルですが、彼らを無視して通り過ぎたときに感じる罪悪感を避けられるので、そこから得られる報酬のほうが大きいのです。

ところが、バトソンの共感―利他性仮説（empathy-altruism hypothesis）によれば、もうひとつの経路、つまり他者中心的な経路があります。それは、「たとえコストを負うことになったとしても、他の人の役に立ちたい」という純粋な気持ちに動機づけられています。私たちはこの経路に従って、ある人物に共感し相手の視点から状況を真に想像できるときに、利他的に行動するのです。[28] 他人の視点から世界を眺めるこの能力は、たとえ多大なコストを払うことになったとしても、私たちを援助に導くことができます。ボルコヴァックは、自分の子どもが虐待を受けている姿を想像することができたので、それが共感を生み、彼女が不祥事を報告する後押しになったのでしょう。

共感性は、私たちが見知らぬ人や知り合いよりも友人を助ける傾向が強い理由を説明できるかもしれません。例えば、職場いじめの被害者を守ろうとする傾向は、単なる同僚よりも友人のときに強くなります。[29] 大学生は、被害者が見知らぬ人よりも友人の場合に、性的暴行の可能性がある状況に介入する意欲が高くなります。[30]

ピュージェット・サウンド大学とテキサス大学オースティン校の研究者は、大学生を対象に、ネットいじめの被害者が友人であったとき、その被害者をかばおうとするのかを調べました。[31] 研究参加者の一部の学生グループには、過去6ヶ月の間に、自分の知人がフェイスブックのネットいじめの被害者になった例を考えてもらいました。別の学生グループには、友人のフェイスブックのページに本人の同意なしに恥ずかしい写真が投稿されたことを想像してもらいました。そして、どちらのグループの学生たちにも、自分だったらどのように対応するのかを回答してもらいました。その結果、匿名性が高いほど、そして集団規模が大きいほど、介入する可能性が低くなることがわかりました。しかし、学生の介入意欲を高めた要因がひとつありました。それは、学生が被害者のことをどれだけ身近に感じていたのかでした。

カリフォルニア大学ロサンゼルス校のメーガン・メイヤーとその研究グループは、実験参加者に友人と一緒に実験室に来てもらい、友人、もしくは見知らぬ人が経験する社会的苦痛を目撃したときに、実験参加者が異なる神経反応パターンを示すのかどうかを調べました。[32] 研究者は、fMRI装置を使用して、ある人物が排除される2種類のサイバーボールのゲームを目撃しているときの脳の反応を測定しました。サイバーボールの1種類は排除される相手が友人で、もう1種類は友人と同性の見知らぬ人が排除されました（この条件では事前に録画した模擬ゲームを使用しました）。

友人が仲間外れにされていると思ったときに活性化したのは、背側前帯状皮質と島皮質という、感情的な痛みに対応する脳の領域でした（これらは、私たちが自分の感情的な痛みを経験したときに活性化する領域と同じです）。一方、見知らぬ人が仲間外れにされると思ったときに活性化したのは、背側内側前頭前野、楔前部、側頭極という、私たちが他人の特性や信念、意図について思考するときに使用する領域でした。つまり、友人が社会的苦痛を経験しているのを目撃すると、自分もその苦痛を経験しているかのように感じます。言い換えれば、私たちは友人には共感する一方で、見知らぬ人の苦痛を目撃してもそうはならないのです。

人は一貫して、見知らぬ人よりも困っている友人や愛する人に強く共感しますが、共感性の強さにはかなりの個人差があります。この差異を測定するために、研究者は、他人の感情が自分の感情にどの程度影響を与えるのかを調べました。[33]質問には、相手の喜びを分かち合うこと（「友人が自分の身に起きた幸運なできごとを話したときに、私は純粋に幸せを感じる」）や、悲しみを分かち合うこと（「私の目の前で誰かが傷つけられると、私は悲しい気持ちになる」）が含まれます。これらの尺度への得点が高い人ほど（訳注：質問に自分が当てはまる人ほど）、実験室でも実社会でも、悪事に立ち向かう意欲が高いことが報告されています。例えば、救援を求める人を目撃したときに心理的苦痛を強く感じる生徒は、いじめられている仲間を守ろうとする傾向があります。[34]

オランダのマーストリヒト大学のルード・ホルテンシウスと、その研究チームによる一連の研究では、共感性の強さと緊急事態への反応の仕方について調べました。はじめに、困っている人を目撃したときの不快感の程度を測定しました。測定する際は「私は、緊急時にはコントロールを失う傾向がある」「私は、緊急事態で助けを求めている人を目撃すると取り乱してしまう」などの記述にどの程度強く同意するのかを尋ねました。共感性は「私は、自分よりも恵まれない人に対して、しばしば優しい気遣いの感情をもつ」「私は、自分が目にしたできごとにしばしば感動する」などの記述への回答を使って評価しました。[35] 実験参加者は、女性が床に倒れる（緊急事態）、あるいは床から立ち上がる（非緊急事態）様子を描写した動画を視聴しましたが、各動画にはその場に居合わせた傍観者が0人、1人、または4人いる条件が用意されました。実験参加者は動画を見て、その中に助けを必要とする人がいるのかどうかを、「ゴー（go）」または「ノーゴー（no go）」ボタンを押して、できるだけ早く回答するように指示されました。実験参加者が動画を見ている間、研究者は経頭蓋磁気刺激法（訳注：頭部に置いた刺激用コイルに瞬間的に電流を流して磁場を発生させ、渦電流の働きを利用して、人工的に神経細胞を発火させる方法）を使って、実験参加者の運動皮質（筋肉の活動を司る脳の部位）にパルスを与えました。また、実験参加者の手首と親指の付け根の間にある筋肉に電極を取り付けて、実験参加者の「行動準備（action preparedness）」（刺激に反応する準備がどの程度できているのか）を評価しました。これは、脳の特定の部位を刺激することで身体が行動を起こすのかどうかを評価するために、神経科学者がよく使う手法です。これによって、実験参加者がどれだけ素早く反応できたのかだけではなく、彼らの筋肉がどれだけ活性化されていたのかを知ることができました。

その結果、強い苦痛と共感を報告した実験参加者は、傍観者が存在しない条件のときに、非緊急事態よりも緊急事態で素早くボタンを押して反応することがわかりました。ところが、自分の個人的な苦痛を高く評価した実験参観者（助けを求める人を目撃したときに、強い不快感を報告した実験参加者）は、多くの傍観者が存在する条件で緊急事態の行動準備が弱くなることが明らかになりました。この知見は、困っている人を目撃したときに何よりもまず嫌な気分になることを懸念している人は、手助けできそうな他の人がいることがわかると、自らが行動する可能性が低下することを示唆しています。共感性の高い人の場合では、その場にいた潜在的な援助者の数と運動反応の程度との間に関連は認められませんでした。つまり、共感性の高い人は、他に潜在的な援助者がいた場合でも、筋肉の活性化が示されたのです。

緊急事態に介入するときでも、行動の動機は人によってさまざまです。一部の人は、不快な思いをしたくないという自らの願望が救助の原動力になる場合もあります。また、他の誰かが進んで救助をしてくれるのであれば、その人が行動する様子を黙って見ていたいと思う人もいます。しかし、自分の個人的な幸福のためにではなく、困っている人への配慮が救助の原動力になる人もいるのです。そのような人にとっては、その場に救助を行える人が何人いるのかどうかは関係ありません。

共感性の神経学的基盤を特定するため、ジョージタウン大学のアビゲイル・マーシュとその研究チームは、見ず知らずの人に腎臓を提供するという、並外れた寛大な行為者である19人のドナーの脳の活動パターンの違いを調べました。[36] その結果、ドナーの扁桃体（感情を処理する脳の部位）は、普通の人と比べて8％大きく、その活動も活発であることがわかりました。

因果関係ではなく相関関係を示すこの知見の解釈には、注意が必要です。腎臓を提供した人たちは、生まれつき扁桃体が大きく、その働きも活発で、そのために他人をより気遣うようになったのかもしれません。しかし、このような極端な利他的行為によって、脳が能動的に再配線される可能性もあります。因果関係はともかくとして、並外れた利他主義者では、感情へのより大きな反応と関連する神経活動の明確なパターンが認められるようです。このような無私の献身を示す人は、援助するコストを他の人とは違った形で経験するのかもしれません。援助しなければ、その人たちは、かえって気分が悪化する可能性があります。

並外れた利他的行為者では、自分が痛みを経験する場合と、他人が痛みを経験する様子を目撃する場合という2種類の苦痛体験に、特徴的なパターンの神経学的反応が示されるという証拠もあります。ある研究者は、約60人の共感性を測定しました。そのうちの半数は、見知らぬ人に腎臓を提供したことがあり、もう半数はそうではありませんでした。[37] 実験参加者は、それぞれ見知らぬ人とペアになって一連の試行を行いました。ある試行では、研究者がｆＭＲＩ画像を使って彼らの脳活動を記録している間、自分の実験パートナーが右手の親指の爪に痛みを伴う圧迫を受ける様子を目撃しました。もうひとつの試行では、実験参加者自身の親指の爪が痛みを伴う圧迫を受けて、同様にその間の脳活動が測定されました。その後、研究者は２つの条件の脳活動を比較しました。

自分自身が痛みを経験することは、多くの人にとって、他人が痛みを経験するのを目撃することよりもはるかに嫌な気持ちにさせます。ところが、並外れた利他性を示した人の脳は、自分の痛みにも他人の痛みにも、ほとんど同じように反応することがわかりました。この知見は、並外れた利他性を示した人が、他人の痛みを自分の痛みであるかのように経験していることを示唆しています。他人の痛みを深く感じる人々にとって、見知らぬ人に腎臓を提供するという選択は道理にかなっているのかもしれません。他人が苦しんでいることで彼ら自身が痛みを感じるのであれば、その人を助けることは、自らの気持ちを楽にするはずだからです。

見知らぬ人に腎臓を提供する行為は、道徳的勇気というよりも、むしろ肉体的勇気の例なのかもしれません。その決断を社会的に低く評価する人はほとんどいないでしょうし、そこには肉体的なリスクもあるからです。しかし、これらの研究から得られた知見は、道徳的勇気にも示唆を与えるでしょう。共感する能力は、正しいことをするために社会的影響に直面することを厭わない人物の重要な特徴です。

内なる道徳的反逆者を見つける

本章では、道徳的反逆者には、ほとんどの人がもっていない特定の特性が認められることを説明してきました。道徳的反逆者は、自らのことを良く思い、他の人に共感しますが、自分が他者に合わせることをあまり気にしません。ジョー・ダービーのように、正しいことのために立ち上がった人にはこの特性の組み合わせが認められます。

それでは、それ以外の人たちはどうすればよいのでしょう? 私たちは、悪事をあえて指摘しない、沈黙の傍観者になる運命なのでしょうか? 幸いなことに、そうではありません。生まれつきこのような傾向をもたない人でも、社会的圧力に立ち向かう能力を身に付けることは可能です。[38] 言い換えれば、私たちは皆、道徳的反逆者になるための方法を学ぶことができるのです。

第1に、私たちは道徳的勇気のある行動を観察する必要があります。スタンフォード大学のアルバート・バンデューラが提唱した社会的学習理論（social learning theory）によれば、人は親や教師、その他の手本となる人物など、周囲の人を観察して行動の仕方を学びます。尊敬する人が道徳的勇気を示す場面を目撃することで、自分も同様に行動しようと思うようになります。心理学教授のジュリー・ハップは「他人のために身を粉にして働く両親を見て育った子どもは、自分も同じように行動する可能性が高い」と述べています。[39]

親のモデリング（訳注：親を手本として行動を学習すること）は、暴力や市民暴動の時代に、どんな人が道徳的勇気のある行動をとったのかを説明する際に有用です。１９６０年代に米国南部でデモ行進や座り込みに参加した公民権運動の活動家の多くは、道徳的勇気を示して市民活動を行っていた両親がいたこと、ホロコーストの際にユダヤ人を救出したドイツ人の多くにも同様の傾向が認められたことが指摘されています。[40] 社会学者のホリー・ナイセス・ブレームとニコール・フォックスの研究によれば、１９９４年にルワンダで起きた大量虐殺の際、人々が難民を助けたのかどうかの最も強い予測因子のひとつは、他人を助けた経験がある両親がいたことでした。[41] 彼らの面接結果によれば、少なくとも1人の難民を救助した経験のある人の半数以上が、自分の両親や祖父母が過去に自国が暴力にさらされた際に他人を救助した経験があると回答しました。したがって、道徳的勇気のあるモデルの存在は、将来的に勇気のある行動を生み出す上で有用です。

第2に、私たちにはスキルを身に付け、実践することが求められます。正しいことをしたくても、集団に抵抗するために必要なスキルをもたなければ、それは難しいのです。親や教師、その他の大人たちは、社会的圧力を認識させて権威に疑問をもつように促すことで、こうしたスキルの習得を手助けすることができます。ジョー・ダイモウは、実験参加者に電気ショックを与えるように促したミルグラム研究で、実験者に反抗することに成功した数少ない人物の一人ですが、自分がその決断を下せたのは「階級闘争的な社会観に染まった家庭で自分が育ったからであり、権威者はしばしば自分とは異なる善悪観をもつものだと教えられたから」と説明しています。[42]

社会に馴染むことが最優先されるティーンエイジャーの時期でも、スキルを身に付けることで社会的影響に立ち向かうことができます。バージニア大学の心理学者は、7年生、あるいは8年生の子どもを持つ150組以上の家庭を募って、社会的スキル、親しい友人関係、親子関係、薬物乱用の関連性を調べる研究に参加してもらいました。[43] 10代の子どもたちは、仲間や親、教師との衝突、万引きなどの非行に走る可能性がある状況など、さまざまな状況にどのように対処するのかを尋ねるアンケートに回答しました。さらに、子どもたちは、母親と2種類の対話を行いました。ひとつは、議論が起こりそうな家族の問題（成績のこと、友人のこと、家庭のルール）を話し合うという内容で、もうひとつは、子どもが抱えている問題にアドバイスやサポートを求めるという内容でした。研究者は、対話の様子をビデオ撮影し、ティーンエイジャーが自分の信じることをどれだけ効果的に主張できたのか、母親がどれだけ温かく支えてくれたのかを記録しました。それから2年後と3年後に、同じティーンエイジャーに、アルコールとマリファナを含む薬物乱用の程度を尋ねました。

その結果、ティーンエイジャーと母親との対話の性質は、想定する以上に、その後の薬物乱用を予測することがわかりました。具体的には、母親との口論で理性的な議論を展開したティーンエイジャーは、後に薬物使用や飲酒を勧める同調圧力に最も強く抵抗できたことが示されました。その若者たちとは対照的に、議論で簡単に引き下がったティーンエイジャーがいました。彼らは自分の考えが間違っているとは説得されていないときでも相手の考えを受け入れたことを示唆しており、その人たちは後に飲酒やマリファナの使用を報告する可能性が非常に高いことがわかりました。このようなティーンエイジャーは、おそらく、友人からのプレッシャーに対して最初に形だけの抵抗を示して、その後にプレッシャーに屈服するという、同じようなパターンを示したのでしょう。一方、母親からのサポートが厚いティーンエイジャーでは、薬物乱用率が低いことも示されました。これらの母親は、対話の中で温かさと積極性を示し、子どもを一人の人間として大切にし、評価していることを伝えていました（この研究は、母親だけを対象としていますが、父親からの説得力のある議論やサポートが同等の効果を生む可能性は十分にあると思います）。

このような関係を支える正確なメカニズムは不明です。重要なのは人間関係の親密さなのでしょうか、それとも自分の意見を理性的に述べる経験なのでしょうか？ ひとつの可能性として、効果的な議論の仕方を練習したティーンエイジャーは、同じテクニックを仲間にも使えるようになることが考えられます。彼らは自分の意見を表明し、プレッシャーの中でもそれを貫く方法を学んだのです。また、両親と温かく協力的な関係を築いているティーンエイジャーは、友人の意見に左右されにくいのかもしれません。そのような若者は、自らの決断が友人関係のコストを生んだとしても、自分の母親や父親が常に味方でいてくれることを理解しているのでしょう。

第3に、私たちは共感する能力を育てる必要があります。民族的、宗教的、政治的、文化的に異なる背景を持つ人々と一緒に過ごして実際に親しくなる活動は、その一助になります。

ケント大学のニコラ・アボットとリンゼイ・キャメロンは、近所や学校、スポーツチームなどで異なる民族の人々と接する機会が多い英国の白人高校生は、共感性が高く、異なる文化的背景を持つ人々に対してオープンで関心が高いことを実証しています。[44] この研究によれば、そのような高校生は、異なる少数集団の人々を、誠実、友好的、勤勉だと肯定的に捉えるようになり、彼らのことを愚か、怠け者、汚いなどと指摘することも減りました。触れ合いの機会の豊富さが功を奏したのです。さらに、共感性と開放性（訳注：知的好奇心などに関係する性格特性のひとつ）が高く、偏見が少ない生徒ほど、クラスメートが民族的な中傷をしたときに、相手に直接異議を申し立てる、被害者を支援する、教師に伝えるなどと回答する傾向が認められました。実際に事件が起きたときは、介入しようとする善意を実行に移さない一部の生徒がいるかもしれませんが、そのような意欲をもつことは少なくとも第一歩として大切だと思います。

特に若者においては、他者への共感を積極的に育てる取り組みも重要です。１９７９年から２００９年の30年間で、米国の大学生を対象に実施された72の研究を統合したメタ分析の結果によれば、大学生の共感力は低下しています。[45] 具体的には、２０００年代の大学生は、１９７０年代の大学生よりも「私は、友人の視点から物事を想像することで、友人をより理解しようとすることがある」「私は、自分よりも恵まれない人たちに対して優しい気持ちや心配する気持ちをもつことがよくある」などの記述に同意する割合が減っています。

このような共感性の低下は、同時期の大学生におけるナルシシズム（自己を過度に肯定的に捉えること）の上昇と対応しています。[46] この結果には、他者との関係の代わりに個人の成功を重視する傾向が強まるなど、その他の社会的要因も寄与している可能性がありま す。[47] その他の要因としては、ソーシャルメディア、子育て、プレッシャーのかかる大学入試などが考えられますが、共感性が低下した理由は不明です。しかし、ここから生まれる結果は明白です。共感性が低下すれば、道徳的反逆者は少なくなるのです。

この傾向に対抗するために、親や教師、地域の人々ができることがいくつかあります。手始めに、共感性はスキルであること、固定的な特性ではないことを強調する方法があります。生まれつき共感性が高い人もいますが、私たちは誰でも実践することで、この能力を伸ばすことができます。[48] スタンフォード大学のキャロル・ドゥウェックとその研究グループは、共感性は伸ばせることを学習するだけで、他の人の視点を理解しようとする意欲が高まることを実証しています。[49] 例えば、共感性は伸ばせると教えられた人は、社会問題や政治問題で対立する意見を持つ人と話そうとする、人種が異なる人の個人的なストーリーに耳を傾けようとすることがわかっています。

この知見は私たちに希望を与えてくれます。共感性は、道徳的反逆者になるための重要な第一歩であり、誰もが身に付けられる特性のひとつなのです。

第10章 道徳的反逆者になる方法

本書では、困っている人を見かけたときに傍観者のままでいようとする傾向の根底にある、心理的要因に焦点を当ててきました。また、立派な道徳的勇気を示した多くの人々についても紹介してきました。

しかし私たちは、悪事に直面したときに道徳的反逆者が立ち上がるのをただ待ちわびているわけにはいきません。私たちが本当に求めているのは、生まれつきの性向にかかわらず、より多くの人々が声をあげられるようになることです。言い換えれば、「道徳的反逆者が増えること」が必要なのです。

ここまで、私たちが、家庭や学校、職場、地域社会で、道徳的勇気を鼓舞して求めている変化を生み出すための方法を説明してきました。それらの方法を、もう一度見直して、まとめていきましょう。

変化の力を信じる

私たちが悪事に直面しても沈黙してしまうのは、一人の人間が声をあげたところで実際に変化は生まれない、と思っているからです。その信念を皆が共有し、誰もが行動することを選ばなければ、悪事は続きます。道徳的反逆者を生み出すための重要な一歩は、沈黙することの代償を人々に理解させること、そして自分の行動が大切だということを納得させることです。

スタンフォード大学のアニータ・ラタンとキャロル・ドウェックは、人々の信念が偏見に異議を唱える姿勢に影響するのかを調べました。[1] 研究者は、実験参加者の黒人、ラテン系、混血の学生に、大学への入学許可の決定の仕方に関するオンライン・ディスカッションに参加してもらいました。実験参加者の学生は、大学2年生のマットという白人学生（実際には実験者が演じた人物でした）とペアを組みました。意見交換の段階で、マットは「私は、多様性入学者選抜（訳注：米国で主に白人保守派が逆差別だと批判してきたことで知られる、人種や民族を大学入試で考慮する積極的差別是正措置のこと）のせいで、自分が大学入学者として相応しくないと判断されるのではないかと本当に心配していました……。非常に多くの学校が、同じように条件的に相応しくなさそうな学生の入学許可を保留にしていたので、私はかなりびくびくしていました」と意見を述べました。

研究者は、実験参加者がマットの発言に何らかの反対の意見を示すのかに関心がありました。

はじめに悪いニュースです。マットの発言に異議を唱えた学生は全体の約25％しかいませんでした。次に良いニュースです。事前に実施した調査で「人の性格は変えられると思う」と答えた学生は、この発言に懸念を示す傾向がはるかに高いことが示されました。該答者の37％近くがマットに立ち向かったのです。他の人たちは、自分が介入しても何も変わらないのであれば、マットの悪事に異議を唱えたところで意味がない、と考えたのかもしれません。

同じ研究者は、もっとあからさまな偏見の表現が介入率を高めるのかを調べるために、実験参加者の学生に、一流企業でのサマーインターンシップ初日に自分が経験するシナリオを読んでもらうという研究を行いました。そのシナリオでは、実験参加者が他のインターン生と会社の第一印象について話しているときに、ある男性インターン生が「この会社で働いている人たちのタイプには本当に驚きました……。女性、マイノリティ、外国人など、この『多様性』採用をしていて、この会社はいつまでトップでいられるのでしょうね？」と発言する場面がありました。

ほとんどの実験参加者は、この発言を非常に不快だと評価しました。次に、この発言者に立ち向かうのか（「私は冷静に、だがしっかりと自分の考えを伝えて、彼を教育すると思う」）、あるいは彼とかかわることを避けるのか（「私は最善を尽くして何もなかったことにするだろう」）を質問されました。さらに、自分が今後そのインターン生との付き合いをどの程度でやめると思うのかについても回答しました。

この研究では、実験参加者は行動を観察されるのではなく、自分が何をすると思うのかを尋ねられたのですが、最初の研究と同様に、人の心の変化の可能性についての信念が結果に大きな違いを生むことがわかりました。

「性格は変えられる」と考える人（スタンフォード大学のドウェックが「成長型マインドセット（growth mindset）」の中心に位置づけたもの）ほど、不快な発言をしたインターン生に立ち向かうと回答する傾向が強く、今後そのインターン生との付き合いをやめると回答した人が少ないことも示されました。「性格特性や能力は生まれつきのもので、ほとんど変えることができない」と考える固定型マインドセット（fixed mindset）をもつ人は、より消極的で回避しようとする傾向が認められました。したがって、声をあげる勇気をもちたいのであれば、まず「それが変化を生む」と信じることからスタートするのがよいでしょう。

スキルと方法を学ぶ

変化の力を信じるだけでは、悪事に立ち向かうには不十分です。私たちには、悪事に立ち向かうための具体的なスキルも必要です。可能であれば、対立を感じさせないスキルであることが望ましいでしょう。第4章で説明しましたが、応急手当や心肺蘇生法など、何らかの専門的なトレーニングの経験者は、身体的な危険に直面したときに介入する傾向が高まります。このように、トレーニングは社会的なコストがある場合に人々が介入するのを助ける上でも、重要な役割を果たします。

多くの人にとって、悪事に立ち向かうことに抱く大きな恐れのひとつとは、気まずさや居心地の悪さを感じることです。私たちは、騒ぎを大きくすることや、恥ずかしい思いをしたくはありません。シンプルな方法を学ぶことで道徳的勇気を育てることは可能ですが、スキルにはレパートリーも必要です。結局のところ、旅費の水増しを疑っている同僚に立ち向かうには、チームメイトの性差別的な発言を非難する場合とは異なる方法が求められるのです。第1章で説明しましたが、ミルグラム実験で命令に最もよく抵抗できたのは、多様な方法で抵抗することができた人たちでした。[2]

非難の声をあげる方法のひとつは、懸念や反対を、短く簡潔に表現する手段を見つけることです。この方法は、長々とした「教えるのに良い機会」にあなたを巻き込んだり、相手に恥をかかせたりはしません。発言や行動に問題があることを、本人だけではなく、発言や行動を観察している人たちに示すだけなのです。

職場における同性愛嫌悪的な発言への対応を調べた研究によれば、最も効果的な方法は、「ちょっと、それはクールじゃないよ」や「その言葉は使わないで」と伝えるなど、冷静かつ直接的な対応の仕方だったことがわかっています。[3]同じような方法は、校庭でのいじめを止めることから、部下を粗末に扱う同僚を非難することまで、ほとんどあらゆる有害な行動に使用可能です。何が受け入れられないのかをはっきりと伝えることは、新たな社会的規範を生み出すためには不可欠な第一歩です。

別の選択肢としては、不快感を相手にではなく、あなた自身に向けるという方法もあります。これは、相手に嫌悪感や防衛心を抱かせるリスクを減らせますが、相手の発言や行動が間違っていることに変わりはありません。この方法のひとつに、自分の反応を説明する際に、個人的なつながりを明らかにするという手段があります。例えば「私はカトリック教会で育ったので、その発言は聞くに堪えません」や「私の親しい友人が高校時代に性的暴行を受けたので、レイプに関するジョークは不快です」と伝えるのです。

もうひとつの別の方法は、その発言がユーモアのつもりであると仮定して（たとえそうではなくても）、そうであるかのように対応するというものです。例えば、女性を大統領に選ぶことについての性差別的な発言には「あなたがたは面白がっているだけなのは承知していますが、女性は感情的すぎるから大統領にはなれないと本気で思っている人もいるんですよ」と伝えます。この方法は、発言者にも他の人にも、あなたが発言に同意していないことを明らかにしますが、発言者を馬鹿にしたり悪く見せたりはしません。これは彼らを外集団から内集団に移行させて、あなたの側へと引き込む方法です。

実践、実践、とにかく実践する

悪事に立ち向かうさまざまなテクニックの学習は変化を生む可能性がありますが、スキルや方法を学ぶだけでは不十分です。実践が不可欠なのです。攻撃的な発言や問題行動に対するさまざまな反応を能動的にトレーニングすることには、声をあげることの抑制を減らし、反応するのが普通だと感じられるようにする働きがあります。また、それは実社会の状況に介入できるという自信も高めます。

学校、大学、職場での最も効果的な研修プログラムは、困難な状況での対処法を与えるだけのものではなく、アクティビティやロールプレイによって実践する機会をたっぷりと提供するものです。これは、高校生や大学生の性的暴行を防止する傍観者介入プログラムや、ニューオーリンズの警官を対象としたEPIC研修プログラムの顕著な特徴です。

トレーニングと実践は、幼児にも有効であることが示されています。テキサス大学の研究者は、米国南西部の小学校で、幼稚園から3年生までのクラスの子どもたちを対象に、性差別的な発言への対応の仕方を教えるプログラムに関する研究を行いました。[4] この研究では、子どもたちは全員、いじめとジェンダー・ステレオタイプに関する授業を受けており「このゲームは男の子しかやっちゃいけないやつだ」「女の子はお医者さんにはなれないよ、看護婦さんをやらないと」「男の子は女の子よりも算数が得意だ」などの性差別的な発言の例を教えられました。その後、生徒たちは2つのグループに分けられました。1つ目のグループの子どもには、同級生から性差別的な発言を受けた他の子どもたちの話を2つ聞かせて、その話の好きな場面を絵に描いてもらいました。2つ目のグループの子どもたちは、性差別的な発言に「やめようよ、どちらかの性別が一番ということはないんだよ」「反対！　性差別なんてくだらないよ！」と伝えるなど、反応の仕方を演技するという実践を行いました。

トレーニングの後、2つのグループの生徒に性差別的な発言を意図的に接触させて、その反応を評価しました。具体的には、子どもたち一人ひとりに、ステレオタイプに反する品物（女の子は工具ベルト、男の子はハンドバッグ）を事務室まで運んでもらい、それを紛失した人に返却してもらいました。そして、子どもが事務室に向かう途中で、同性の子ども（研究者の指示に従い、教師から演技力の高さで特別に選ばれた子ども）が「ハンドバッグは女の子のものだ！」あるいは「工具ベルトは男の子のものだ！」という性差別的な発言を行うようにしました。隠れていた観察者が、子どもがどのように反応したのかを正確に記録して、研究者は後で4つのカテゴリーに分類しました。そのカテゴリーとは、同意する（「そんなこと、知っているよ」と言う）、無視する（発言した子どもの前を通り過ぎるだけ）、反論する（「そんなことを言って意地悪だね」と言う）、異議を唱える（「男の子だけのものなんてないんだよ」と言う）、でした。

その結果、実践することのメリットが浮き彫りになりました。性差別的な発言に対応する実践を行ったグループの子どもの20％が、この発言に異議を唱えることができたのです（絵を描いたもう一方のグループでは2％でした）。したがって、偏見に満ちた発言への対応法を学習するだけでは不十分です。実践も必要なのです。

ちょっとしたことでもやってみる

道徳的反逆者を育成するもうひとつの重要な方法は、正しい方向へ小さな一歩を踏み出すこと、あるいは間違った方向への一歩を拒否することでも大きな変化が生まれることを、人々に教えることです。これまでの章で説明してきましたが、学校でのいじめや大学での性的暴行、警官の問題行動を防ぐために考案された最も効果的なプログラムでは、まさにこの方法が使用されています。例えば学校では、いじめが深刻化するまで待つのではなく、悪口や仲間外れのようなちょっとした攻撃があったときに介入することを、子どもや教師たちに教えます。企業では、倫理的行動のきっかけになるさりげない注意を喚起することが求められますが、それは従業員が問題行動への小さな一歩を踏み出す誘惑に駆られないようにするためです。

もっとグローバルなレベルになりますが、小さな一歩が暴力に発展する可能性があると伝えることで、危険な状況を打開する行動への動機づけを高められるという研究結果があります。心理学者のアービン・ストウブとローリー・パールマンは、人々の共感を高めることで、権威者に従おうとする傾向を減らすことができることを明らかにしました。[5]ルワンダ、ブルンジ、コンゴでの癒しと和解を促進する活動の中で、彼らは「消極的な態度は有害行動の発生を促すが、人々の行動があれば抑制できる」や「人間化（訳注：人間的な価値を示すことで対象を人間として扱えるようにすること）は暴力の可能性を弱めるが、脱価値化（訳注：人間化とは逆に対象を非人間化すること）は暴力の可能性を強める」などをテーマとしたワークショップやラジオドラマを通じて、悪事への無関心が生む深刻な結果を伝えました。1年後の評価では、このようなメッセージに触れたことで、悪事に声をあげようとする人々の意欲が高まったことが示されました。沈黙が生む結果を一度理解すれば、人は行動しやすくなるのです。したがって、人間性を奪い取るような言葉を使用する、異なる集団を物理的に隔離するなどの一見小さな行動に抵抗することが、大量虐殺行動の発生を防ぐうえで役立つかもしれません。

これらの知見は、早期介入を促すことの重要性を強力に示しています。さらに、正しい方向に一歩踏み出し始めた人が、その後、道徳的反逆者になる可能性を高めることも示しています。実際、ユダヤ人を助けたドイツ人は、迫害されていた人々を助ける必要性を認識していた普通の人たちだったことが知られています。[6] そのような人たちは、ほとんどのお店で買い物をすることができないユダヤ人の隣人のために食料や物資を買うといった、ごく小さな行動からスタートすることが多かったのです。このようなささやかな一歩の後に、ユダヤ人を短期間匿うなどの、もっと大きく、よりリスクが高い行動に向かってその歩みを進めていきました。

ナチス・ドイツでそのような人々が行った命がけの手助けは、危険で、有難く、そして普通ではない例だと思います。しかし、同じプロセスは、宿題をクラスメートにコピーさせるのを断る、職場で人種差別的な発言を非難する、運動部の新入生いじめを報告するなど、もっとありふれた、あらゆる場面で働いているのです。道徳的反逆者になるということは、勇気のある一歩を踏み出すという、ごく単純なきっかけから始まると思います。

共感力を育てる

2017年、ダートマス大学で心理学と神経科学を専攻していた大学院生のクリスティーナ・ラプアーノは、指導教員のウィリアム・ケリーを大学当局に通報するという難しい決断を下しました。彼女は大学当局に、2年前の学会で過度の飲酒をした日の夜、ケリーにレイプされたことを報告しました。彼女が被害届を出したのは、ケリーが他の女子学生にも性的不正行為を長年続けていたことを知ったからでした。ラプアーノは、ニューヨーク・タイムズ誌に「私は、世代を超えて広がっているこのパターンを、何とかして終わらせたいという気持ちになりました。そうしない限り、ずっと続くと思ったのです」と語っています。[7]

他の女性へのラプアーノの共感は、悪事を訴える代償を支払う勇気を彼女に与えました。共感は道徳的反逆者に共通する特徴です。いじめや性的暴行のような悪事を目撃したときに介入するために作られた多くのプログラムは、行動の動機づけの方法として、被害者への共感を生み出すことに重点を置いています。第9章で説明したように、人種や文化が異なる人々と一緒に過ごすことで、私たちの共感する能力は高まり、彼らが助けを求めているときに立ち上がろうとする傾向も強まります。

この知見は、気持ちを落ち込ませ、そして同時に勇気づけもします。私たちは、二極化が進む社会に生きており、人々は「私たち」と「彼ら」に分断されています。米国は、赤い州対青い州（訳注：前者は共和党支持者、後者は民主党支持者が多い州）、MSNBCの視聴者対フォックス・ニュースの視聴者（訳注：前者は民主党支持者、後者は共和党支持者に人気）、沿岸部のエリート対ハートランドの「本物の米国人」（訳注：前者はリベラル派、後者は保守派が多い）という二極化された状態です。このような分断は、自分とは異なる人々と一緒に過ごす時間を減らし、共感することを一層難しくします。これは、米国で共感性が低下しているように見える理由を説明する一助になるかもしれません。

ただし、共感する力は先天的ではなく、後天的に身に付けられることを心に留めておいてください。生まれつき簡単に、他の人の視点に立って世界を見ることができる人がいるかもしれませんが、それ以外の人でも、じっくりと時間と労力をかければ、生まれつきの人以上に、共感する力と道徳的勇気を身に付けた人間になることはできます。

内集団を広げる

多くの人は、見知らぬ人よりも友人を助けようとします。例えば、私たちは、職場でいじめの被害者になった友人を守ったり、性的暴行から友人を守ろうとして介入したりします。[8] また、見知らぬ人であったとしても、同じチームのファンであるなど、何らかの共通点がある人の場合では助けようとする傾向があります。

人助けする意欲を高める比較的簡単な方法は、自分と他者の共通点に注目して、自分の内集団の幅を広げることです。第2章で、マンチェスター・ユナイテッドのファンは、見知らぬ人が困っているときに、ライバルチームのジャージを着ていたときよりも、マンチェスター・ユナイテッドのジャージを着ていたときのほうが、その人を助ける可能性が高いという研究結果を紹介しました。[9] これに関する後続研究が存在します。研究者は、再びマンチェスター・ユナイテッドのファンを集めて、転倒して苦悶している人物が登場する同様の緊急事態に遭遇させました。その人がマンチェスター・ユナイテッドのジャージを着ている条件もあれば、リヴァプールのジャージを着ている条件、または無地のTシャツを着ている条件も用意されました。

この研究では、実験参加者はこのできごとを目撃する前に、他のサッカーファンとの共通点に関する短いエッセイを書きました。そして、サッカーファンであることが自分にとってどれほど大切なのか、他のファンとのつながりをどの程度感じているのかについて、一連の質問に回答しました。これらの課題は、特定のチームのファンという狭いアイデンティティではなく、サッカーのファンという広いアイデンティティを共有する感覚を生み出すことを目的としていました。

その結果、マンチェスター・ユナイテッドのジャージを着ている人の条件では実験参加者の80%が立ち止まって手を差し伸べたこと、一方、無地のTシャツを着ている人の条件では救助者の割合が22%だったことがわかりました。しかし、ライバルのジャージを着ている人の条件では、以前の研究結果とは異なり、実験参加者の70%が救助しようとして立ち止まったのです。

フラタニティの兄弟たちではなく大学生として、特定の人種や宗教のメンバーとしてではなく米国人や英国人として、あるいは究極的にはただの同じ人間として、自分と他者との結びつきについて考え方を広げることは、人間に深く根付いている不作為に向かう性向を克服する一助になります。

倫理的なリーダーを探す

ある春の朝のことです。息子のロバートが、ラクロスチームのメンバーと一緒にロッカールームで週末の予定について話していたときに、ある男の子が、その夜はデートでダンスに行くつもりだと言ったそうです。すると、別の男の子が「お相手の彼のお名前は?」とジョークを言いました。チームの他の子どもたちが笑っていると、そこにコーチがすかさず割って入って「彼のデートの相手は男の子かもしれないし、女の子かもしれない。それはどちらでもいいことだよ」と言いました。

私はその話を聞いて、コーチがロッカールームでそのようなメッセージを伝えてくれたことに深く感謝しました。コーチ、教師、政治的なリーダーなど、お手本となる指導者や権威のある役割の人物は、道徳的勇気を鼓舞する上で特に重要です。彼らの言動は、何が許される行動で、何が許されない行動なのか、明確なメッセージを伝えるからです。


私がアマースト大学で働き始めて間もない頃のことです。私は25人ほどの授業を担当していました。その中にはフットボールチームの学生が5人含まれていました。フットボールチームの学生は、定期的に出席はしていましたが、授業のディスカッションには決して加わろうとしなかったので、他の学生たちの悪い見本になっていました。

彼らは、他の学生よりも体格がよかったこともあり、とても目立ち、学内で高い地位に就いているグループの一員でもありました。そのため、授業のディスカッションを円滑に進めようとしても非常に難しかったのです。私は、意気消沈した数週間後に新しいことを試みました。フットボールのヘッドコーチだったEJ・ミルズに助けを求めたのです。

EJは巧妙な解決策で対応してくれました。彼は選手の名前を聞くと、その全員にメールを送りました。私に転送してくれたメールには、短く「来週のサンダーソン教授の授業で発表しない者は土曜にプレイさせない」と書かれていました。ご想像の通り、この問題はすぐに解決しました。

このような指導的立場にある人物からの強いメッセージは、あらゆる社会的規範を確立する上で大いに役立ちます。大学のフットボール選手３００人を対象とした研究は、コーチが伝えるフィールド外の適切な行動に対する期待が、選手が問題行動を目撃したときに介入する可能性と相関するのかどうかを調べました[10]。研究参加者の選手は、コーチ、または運動部のメンバーが、３つのトピックについて話したことがあるのかを尋ねられました。そのトピックとは、異性への適切な接し方、交際相手の暴力、自分の身の周りで正しくないことが起きたときに声をあげることについてでした。また、選手は、コーチが選手のフィールド外の素行不良を強く罰するのかについても質問されました。そして、選手は、自分がどの程度「不適切な性的行動につながる可能性のある状況に介入する」と思うのかを評価するように求められました。

研究の結果、コーチの言葉が大切であることが明らかになりました。コーチや他の運動部員から良い行動をとることの重要性を聞いたことがある選手、そして問題行動を目撃した場合に声をあげることを奨励されたことがある選手は、「自分は不適切な性的行動を防ぐために介入する」と答える傾向が認められました。また、コーチがフィールド外の違反行為を処罰することを強調していた選手ほど、「そのような行動をやめさせるために介入する」と報告する傾向がありました。この研究は、選手たちが実際にその意図を実行に移すのかどうかについては教えてはくれません。しかし、少なくとも、コーチがそのような意図を作り出す役割を担っていることを示しているのです。

リーダーにはさまざまな形があることを覚えておいてください。コーチ、CEO、警察本部長、大学の学長など、公式に定められたリーダーもいますが、多くの人が非公式のリーダーとしての役割を果たすことができます。高校や大学では、上級生が下級生の模範として行動することがよくあります。新入社員は、組織の規範を学ぶために上司となる社員を参考にします。組織の中にたった一人でも倫理的なリーダーがいれば、他のリーダーもそれに続こうとする意欲が湧き、道徳的勇気の波及効果が生まれるのです。

友人を一人見つける

本書では、いじめられていた新入生のために「ピンクの海」を組織して立ち上がった2人の高校生など、友人同士が正しいことをしようと促し合う、道徳的勇気のある行動を数多く紹介してきました。企業における同様の例として、エリカ・チャンとタイラー・シュルツという2人の従業員が、個人的にも仕事上でも深刻な影響を受けることがわかっていたにもかかわらず、血液検査会社セラノスで行われていた不正（訳注：シリコンバレー史上最悪とも称される詐欺事件）を暴露した事例をあげることができます。このように、自分の怒りを共有して、味方になってくれる友人を見つけることが、道徳的勇気を得るための鍵のひとつなのです。

スタンフォード大学の社会学者であるダグ・マクアダムは、社会的規範に異議を唱える人を最も予測するのは、「仲間がいる」という因子だったことを明らかにしました。つまり、あなたは一人で立ち上がる必要はないのです。[11] 1960年、ノースカロライナ州グリーンズボロのスーパーマーケットのランチカウンターで座り込み（訳注：米国の公民権運動でシット・イン運動として知られる）を始めた4人の黒人大学生は、仲良しのルームメイトで、そのうちの3人は同じ高校に通っていました。彼らの友情は、嘲笑や人種差別的な中傷、暴力による脅しなど、彼らが直面した困難を乗り越える助けとなりました。

これらの例は、自分一人だけではないときに、社会的圧力への抵抗がはるかに容易になることを示した研究結果と一致しています。ソロモン・アッシュが行った線分の長さを判断する研究（訳注：第5章参照）では、集団の出した不正解に同調しなかった実験参加者の能力を予測する唯一最大の要因は、もう一人、集団に逆らう人間がいたことでした。同様に、実験参加者に電気ショックを与えるように命じたミルグラム研究では、他の実験参加者と思われる人物が先に命令を拒否した場合に、ほとんどの実験参加者が電気ショックを与えることをやめました。[12]

生まれながらの道徳的反逆者ではない私たちにとって、同じ志を持ち、味方になってくれる友人を見つけることは、道徳的勇気を発揮するために不可欠です。

社会的規範を変える

ここまでお伝えしてきたように、自分が属する集団、友人やフラタニティの兄弟たち、あるいは同僚たちの規範に逆らうということは、ほとんどの人にとって非常に難しいことです。しかし、人々を沈黙の傍観者から能動的な援助者に変える上で役に立つ2つの方法があります。ひとつは社会的規範を変えるという方法、もうひとつは規範に対する自らの認知が実は間違っているかもしれないと気づかせるという方法です。

入学や転校、就職や転職など、新たに環境に入ってくる人たちは、既存の規範を知りません。そのため、これらの新人たちの信念を、声をあげて意見を伝えるように形作る機会が得られます。その際に、高校や大学のリーダーは、傍観者的行動の価値を教えることができますし、職場のリーダーは、不作為ではなく介入することに焦点化した職場文化を強調することができます。

現在ニューオーリンズ市警で使用されているEPICプログラムの基礎となる研究を行ったアービン・ストウブは「警官は、傍観者として受け身のままでいると仲間の警官の行動に責任を負うことになると自覚するためにも、マインドセットを変える必要があるのです」と述べています。そして「警官同士の忠誠心を損なうやり方でマインドセットを変えてはいけません。忠誠心の意味することを、沈黙の掟による過剰な暴力の隠蔽ではなく、暴力の制止に変えることで、マインドセットの変化を実現しなければいけません」と語っています。[13]

規範の変化には、実際に行動を変える働きがあります。ある独創的な研究は、ホテルの宿泊客に省エネの一助になるタオルの再利用を促そうとして、さまざまなメッセージの効果を比較しました。[14]ある条件では、宿泊客に「環境保護にご協力ください：滞在中にタオルを再利用していただくことで、自然への敬意を示し、環境保護にご協力いただけます」という環境保護に関するお決まりのメッセージを提示しました。もうひとつの条件では、「仲間のゲストと一緒に環境保護にご協力ください：お客様の約75％が、タオルを複数回使用することで、当ホテルの新しい省資源プログラムにご協力いただいています。滞在中にタオルを再利用していただくことで、他のお客様と一緒に環境保護にご協力頂けます」と若干ひねりが効いていました。

研究の結果、2つ目のメッセージ条件がより効果的だったことがわかりました。1つ目のメッセージ条件の宿泊客の約38％がタオルを再利用しました。ところが、2つ目のメッセージ条件の宿泊客では、この数字が48％にまで上昇したのです。この知見は、他の人がしていることの情報を伝えるという方法が、人々の行動を変える上で有用であることを示しています。これは、集団のほとんどのメンバー（この研究の場合は宿泊客です）がある行動をしていることを知れば、多くの人は自分もそうすべきだ、と考えることを示唆しています。

社会集団内の規範の実態に関する情報を伝えるだけでも、人々の行動を変えることは可能です。イェール大学のアラン・ガーバーとその研究グループは、投票が市民の義務であることを伝えるだけでは不十分で、投票に関する社会的規範を人々に教えると投票率が上昇することを実証しました。[15] この研究では、ミシガン州の8万世帯に、投票を促す4通の郵便物のうちの1通を送付しました。郵便物の第1条件は投票が市民の義務であることを思い出させるもの、第2条件は研究者が公的記録を使って投票への参加を調査していると伝えるもの、第3条件は自分の世帯の投票参加状況を記載したもの、第4条件は自分の世帯と近所の両方の投票参加状況を記載したものでした。

その結果、第4条件のメッセージが最も効果的であること、郵送物を受け取らなかった人と比べて投票率が8・1％上昇したことが示されました。一方、最も効果が弱かったのは第1条件の「市民の義務としての投票」というメッセージで、投票率はわずか1・8％しか上昇しませんでした。この研究の場合は、単に近所の実際の投票率の情報を教えることだったのですが、このようなささやかな社会的圧力は市民参加を高める効果的な方法です。

既存の社会的規範に関する情報の提供は、それに対する人々の認知が間違っている場合には特に重要です。第3章で説明しましたが、私たちは、個人的な信念とは一致しない考えや感情を公の場で表明することがあります。人々はその考えや感情に基づいて判断するので、しばしば他の人の考えや感情を誤解してしまいます。このように、それぞれの個人が内心では悩んでいる場合でも、他の人は自分と同じように悩んでいないと（間違って）思い込んでしまうことがあるため、誰も声をあげないという状況になりやすいのです。そのため、誤解を訂正すること、そして誤解を生み維持させる心理的な力を理解することは、人々の行動を変える上で大いに役立ちます。誤解された規範を訂正することには、いじめっ子に立ち向かう、飲酒を控える、性的暴行に介入する、職場で攻撃的な言葉を非難できるようにする働きがあるのです。

文化を変える

もし、私たちの中にいる十分な人々が道徳的反逆者になることを選択すれば、沈黙と不作為の文化を、勇気と行動の文化へと変えることができます。

ペンシルベニア大学のデイモン・セントラの最近の研究によれば、大規模な社会変革には多数派の支持は不要だそうです。[16] 実際、集団の約25％の人たちがある立場を明確に示せば、それだけで転換点が生まれて、比較的短時間で新しい規範が確立されます。少数派でも声をあげれば、瓶はゴミ箱に捨てずにリサイクルに出す、家にいようとしないで投票に行くなど、社会的に期待されている変化をもたらすことはできるのです。

規範が急速に変化した最も鮮明な例のひとつが、同性婚の容認です。私の娘のキャロラインが生まれた2004年は、マサチューセッツ州が同性婚を合法化した最初の年でした。2015年、米国連邦最高裁判所は同性カップルに結婚の基本的権利があるとの判決を下しました。私は、信じられないような変遷だとキャロラインに伝えたことを覚えています。すべての州で違法だった同性婚が、わずか11年の間に全国的に合法化されたのです。そのことへの彼女の反応は「どうしてそんなに時間がかかったの?」でした。私が彼女くらいの年齢の頃には、同性カップルが結婚できるようになるとか、ゲイの男性が米国大統領候補になるといったことは夢にも思いませんでした。したがって、攻撃的な言葉を聞いたり、性的不正行為を目撃したり、職場の不正を知ったときに行動する文化を作り出すことは、私たちが思うほど難しいことではないかもしれません。

法学者のキャス・サンスティンは『変革はいかにして起こるのか（How Change Happens）（未邦訳）』の中で、私たちを沈黙や不作為に向かわせる社会的規範がどのように崩れ、必要とされる社会変革につながるかを論じています。[17] それによれば、時として、たった一人の声が、他の人たちに声をあげる勇気を十分に与えることがあるそうです。

見て見ぬふりをして他の誰かが行動を起こすだろうと思い込む、という安易な選択をしたくなるときがあります。しかしその選択をすると、自分は変化をもたらすことができたのに、それを選ばなかったという結果を背負って生きていかなければいけません。

ジョン・スタインベックは著書『エデンの東』（早川書房）で「人間は、善と悪との網の目に捕えられているのだ——実生活においても、頭の中でも、飢餓や野心や、貪欲、残酷、そうした面においてばかりではなく、親切をつくし寛容を示す場合においてすらそうなのだ。……（中略）……人間は、一生の間の塵や埃を払い落した後には、ただひとつ、単純な難問が残るだけであろう。自分の一生は善い生涯であったか、悪い生涯であったか？自分のやった事は、善い事だったのか—それも悪い事だったのか？」と記しています。[18]

私は、このような問いにあなたが誇りをもって答えられるように、本書で学ばれた方法を活用していただくことを願っています。

謝辞

はじめに、エージェントのゾエ・パグナンタに、私のアイデアに対する最初の熱意と、企画を導いてくれた多大な労力に感謝します。私は、ある日の午後に数人のエージェントに企画書を送ったのですが、数時間後の真夜中過ぎに、興味を示した彼女からの返信を受け取ることができました。翌朝、夫に「こんな夜遅くにメールを読んで返事をくれるエージェントは、まさに私が求めていた相手だ」と伝えたのですが、その直感は的中しました。さまざまなサポートをしてくれたアリソン・ルイス、翻訳権と支払いを手伝ってくれたサラ・ヴィターレとジェス・ホア、キルスティン・ウルフなど、ゾエのチーム全員に感謝しています。

編集者のジョイ・ド・メニルの多大な労力によって、本書の方向性が形作られたことにも感謝します。最初の会話のときに、私はジョイに、一般読者向けの本を書くことについて「自分が何をしているのかまったくわからない」と伝えました。私が言ったことを彼女が信じなかったこと、草稿に何度も丁寧なフィードバックをしてくれたこと、私自身の解釈やアイデアを共有するように後押ししてくれたこと、私が専門的な学術用語を使うのをやめるようにサポートしてくれたことに感謝しています。

ハーバード大学出版の皆さまにもお世話になりました。ジョイ・デン、ソーニャ・ボンゼック、グラシエラ・ギャラップは表紙をデザインしてくれました。ルイーズ・ロビンスは、原稿を丹念に校正してくれました。また、オリビア・マースデン（マーケティング）、ジャック・スミス（表紙のデザイン）、ヘレン・アプトン（広報）、ジョー・トンプソン（全般的なサポートと熱意）など、ハーパーコリンズUKの多くの方々と一緒にお仕事ができたことを嬉しく思っています。特にアラベラ・パイクには、あらゆる段階でこのプロジェクトをサポートしてくれたこと、英国市場を慎重に検討してくれたことに感謝しています。

本書の実現は多くの方々にご協力をいただきました。この本の最初の執筆のきっかけとなった企画書ワークショップを立案し、さらにアマースト大学の学部長室からの資金援助を行ってくれたオースティン・サラット、これは本にできますよと最初に言ってくれて、私の最初のアイデアを形作る上でとても貢献してくれたセセリア・カンチェラーロに感謝します。神経科学の技術や神経解剖学に関する質問に答えてくれた同僚のマット・シュルキンドとサラ・タージョン（アマースト大学）、ローズ・カウエル（マサチューセッツ大学アマースト校）、そして特に初期の原稿に詳細なフィードバックを与えてくれたスティーブ・トンプソン（ペンシルベニア大学）に感謝します。

特に、傍観者効果について理解する上で個人的な経験と専門的な知識の両方を提供してくれたアービン・ストウブ（マサチューセッツ大学アマースト校）には、思慮深く詳細なコメントをいただき、感謝しております。また、ディナーパーティーやランチ、オフィスアワーで、私が話すアイデアを延々と聞いてくれた多くの友人、同僚、学生にも感謝したいと思います。彼らは有益な研究や実例を何度も提案してくれました。最後に、夫のバート・ホランダーに感謝します。彼は、この（たくさんの）山あり谷ありのプロジェクトのことを信じてくれました。彼は「調子はどう？」と聞くべきではないタイミングを心得ていたばかりではなく、休暇中にコーヒーショップで私が必死になって執筆すること、そんな私のそばに座って、彼が一緒の時間を過ごしてくれたことに感謝します。

訳者あとがき

本書は、米国の著名な心理学者であるキャサリン A・サンダーソン博士（Catherine A. Sanderson, Ph.D）が２０２０年に出版した『Why We Act: Turning Bystanders into Moral Rebels』を邦訳したものです。英国では『The Bystander Effect: The Psychology of Courage and How to be Brave』というタイトルで出版されています。

私は、著者が２０１９年に出版した『The Positive Shift: Mastering Mindset to Improve Happiness, Health, and Longevity』を邦訳出版（『ポジティブ・シフト：心理学が明かす幸福・健康・長寿につながる心の持ち方』ディスカヴァー刊）する機会をいただきました。この前書『ポジティブ・シフト』は、ポジティブ心理学を魅力的に紹介する素晴らしい本でしたが、それに続く本書は、ワシントン・ポスト誌のブック・オブ・ザ・イヤーに選ばれるなど、米国で大変高く評価されています。本書の翻訳は、前書の出版からほどなく急ピッチで進行したのですが、それは、本書の内容が２０２３年に我が国で大きく取り上げられた「沈黙」というキーワードに大きく関係したこと、昨今の社会情勢を鑑みて、できるだけ早く本書の知見をたくさんの方にご紹介したいと強く感じたからです。

著者は、本書で「善人が沈黙して悪事がエスカレートすることが多い」と指摘しています。我が国でも「メディアの沈黙」がジャニーズ性加害問題の原因のひとつとして取り上げられたことは記憶に新しいですが、ご存知の通り、これ以外にも沈黙が事態の悪化を促した事件・できごとは本当に数えきれません。本書では、このような問題に道徳的勇気をもって立ち向かう人のことを「道徳的反逆者」と呼んでいますが、著者のメッセージはとてもシンプルです。著者は、道徳的反逆者が社会に増えることが非常に大切で、道徳的反逆者になることは誰でもできる、と明言しています。私は、同じ心理学者として、著者の力強く説得力あるメッセージが多くの方のもとに届き、勇気づけて、行動を変え、そして社会によりよい変化が生まれることを期待しています。

私が本書を読んで気づいたこと、考えたことについても少しだけ述べさせてください。本書では、道徳的反逆者は、他の人や集団に合わせることをあまり気にせずに、自分の信念を貫くことが紹介されています。私は、東日本大震災をきっかけに、災害を生き抜くために有利な個人の性格・考え方・習慣に関する研究を行った経験があるのですが、その知見と共通点が多いことに気づきました[1]。具体的には、災害ではさまざまな困難な状況が出現し、それを克服する力（私たちの研究グループは「生きる力」と呼んでいます）が要求されますが、その力のひとつには「信念を貫く力（頑固さ）」が含まれます。道徳的反逆者がとても難しい状況に置かれていることを考慮すれば、私たちの研究との間に共通性が認められるのは当然かもしれないと感じました。[2] このような気づきが得られたことは、訳者を務めた私にとって思いがけないプレゼントでした。

最後に謝辞を述べさせていただきます。本書の出版は、株式会社ディスカヴァー・トゥエンティワンの原典宏さんと安永姫菜さんにご協力いただきました。本書が原書と同じくらい素敵な本に仕上がったのはひとえにお二人のお力添えによるものです。そして、いつも私を支えてくれている妻と息子にも感謝します。ありがとうございました。

脚注

1：これまでさまざまな研究を行ってきましたが、最も関係する代表的な研究（Sugiura et al., 2015）の出典情報はSugiura, M., Sato, S., Nouchi, R., Honda, A., Abe, T., Muramoto, T., Imamura, F. (2015). Eight Personal Characteristics Associated with The Power to Live with Disasters as Indicated by Survivors of The 2011 Great East Japan Earthquake Disaster. *PLoS ONE*, 10 (7), e0130349. です。これまでの研究リスト等の情報は東北大学杉浦元亮研究室のホームページで紹介されていますので、ご関心がある方はご確認ください。

2：私たちが実施した小中学生を対象にした発達的研究（Matsuzaki et al., 2022）によれば「信念を貫く力（頑固さ）」は、中学生でも形成過程にあることを示唆する結果が得られています。本書では集団に馴染もうとする傾向がティーンエイジャーで非常に強いことが繰り返し言及されていますが、この知見は結果と整合します。出典情報はMatsuzaki, Y., Ishibashi, R., Yasuda, M., Tanabe, A., Honda, A., Abe, T., & Sugiura, M. (2022). Does the Eight-Factor "Power to Live" in Disaster Exist since Childhood? *Frontiers in Public Health*, 10:102293910. です。

原注

本文中の注記および参考文献の PDF を
下記の二次元コードからダウンロードできます。
より詳しく知りたい方は、ぜひご確認ください。

https://d21.co.jp/download/whyweact.pdf

悪事の心理学

善良な傍観者が悪を生み出す

発行日 2024年2月23日 第1刷

Author	キャサリン・A・サンダーソン
Translator	本多明生
Book Designer	國枝達也
Publication	株式会社ディスカヴァー・トゥエンティワン 〒102-0093 東京都千代田区平河町2-16-1 平河町森タワー11F TEL 03-3237-8321（代表） 03-3237-8345（営業） FAX 03-3237-8323 http://www.d21.co.jp
Publisher	谷口奈緒美
Editor	原典宏 安永姫菜
Distribution Company	飯田智樹 古矢薫 山中麻吏 佐藤昌幸 青木翔平 磯部隆 小田木もも 廣内悠理 松ノ下直輝 山田諭志 鈴木雄大 藤井多穂子 伊藤香 鈴木洋子
Online Store & Rights Company	川島理 庄司知世 杉田彰子 阿知波淳平 王廳 大﨑双葉 近江花渚 仙田彩歌 滝口景太郎 田山礼真 宮田有利子 三輪真也 古川菜津子 中島美保 厚見アレックス太郎 石橋佐知子 金野美穂 陳鋭 西村亜希子
Product Management Company	大山聡子 大竹朝子 藤田浩芳 三谷祐一 小関勝則 千葉正幸 伊東佑真 榎本明日香 大田原恵美 小石亜季 志摩麻衣 野﨑竜海 野中保奈美 野村美空 橋本莉奈 星野悠果 牧野類 村尾純司 斎藤悠人 浅野目七重 神日登美 波塚みなみ 林佳菜
Digital Solution & Production Company	大星多聞 中島俊平 馮東平 森谷真一 青木涼馬 宇賀神実 小野航平 佐藤淳基 舘瑞恵 津野主揮 中西花 西川なつか 林秀樹 林秀規 元木優子 福田章平 小山怜那 千葉潤子 藤井かおり 町田加奈子
Headquarters	蛯原昇 田中亜紀 井筒浩 井上竜之介 奥田千晶 久保裕子 副島杏南 福永友紀 八木眸 齋藤朋子 高原未来子 俵敬子 宮下祥子 伊藤由美 丸山香織
Proofreader	文字工房燦光
DTP	有限会社一企画
Printing	シナノ印刷株式会社

ISBN 978-4-7993-3015-9 AKUJI NO SHINRIGAKU by Catherine A. Sanderson